実践 行政マネジメント

行政管理会計による公務の生産性向上と働き方改革

竹本隆亮・大西淳也 著

同文舘出版

は　じ　め　に

　今年の夏で36年間奉職した職場を退職した。長いようで短い年月であったが，さまざまな壁にぶつかりながらもひたすらに邁進してこれたのは，「正直者には尊敬の的，悪徳者に畏怖の的」という，この組織の価値観があったからであると思っている。そして，この数年間は，行政における事務量のマネジメントである「人日（にんにち）管理」の徹底に取り組むことができた。管理会計や行政マネジメントが理解できつつある面白さに喜びを感じている。この取組みに携わってきた結果，確信して言えることは，人日に基づくマネジメントは，国民と職員と組織のWin-Win-Winが構築できる架け橋なのである。

　奉職して間もなくすると，元号も昭和から平成と変わっていった。当時は，巷に「24時間戦えますか！」のキャッチフレーズが叫ばれ，そのキャッチフレーズに酔うように超過勤務に次ぐ超過勤務に明け暮れ，仕事に没頭する日々を過ごした。組織の目標は，外部事務に主軸が置かれ，外部事務に関する事績を競いながら，組織内には活気もあった。

　それから，時代の変遷とともに，組織にもさまざまな課題が押し寄せ，課題への対応が図られていく一方で，定員は削減されていった。当時の上司が言った次の言葉を覚えている。「これからは勤務時間内でどれだけのことができるかが試される時代が来る。」その言葉の意味するところは，当時は理解できていなかった。そして，超過勤務の削減が叫ばれるようになる一方で，事務効率の向上はそれほどみられず，超過勤務の削減とともにパフォーマンスも低下していった。

　また，その時々の課題への対応が図られるたびに，外部事務量は減少していき，組織内のコミュニケーションやモチベーションもまた低下していった。組織内に活気はみられず，組織の価値観を示すあの言葉は掲げられていたものの，モヤモヤ感が漂っていたのである。

i

そんなモヤモヤ感を払拭できたのは，「人日管理」の徹底であった。そうか！この手があったのか！　まさに，目からうろこが落ちたのであった。

　それまでは，組織の活性化を図るため，いろいろな策を講ずるものの，これといった決め手はなく，運営の柱は明るく風通しの良い職場環境の醸成と若手職員を中心とした人材育成が中心となっていたのであった。人手が中心の職場であるからこそ，人の力で何とかしようともがいていたのかもしれなかった。確かに，明るく風通しの良い職場環境は必須であるし，人材育成もこれもまた必須である。しかし，足りなかったものがあった。それが「人日管理」の徹底であり，事務量マネジメントであった。

　組織には，長い歴史のなかで，職員が従事した事務について事務区分別に事務量を把握していくという稼働事績という財産があった。そして，提案制度という事務改善をしながら宝の山たる事務量を掘り当てていくツールもあったのである。しかし，あろうことか，それらは活用されず，埋もれていたのであった。

　「人日管理」を導入したのち，自然と事務量に目が向き，事務量を中心に考えていくマネジメントができつつある。そして，現場の第一線の組織である事務所においては，事務量をベースとしての組織戦略的なプランに基づいた運営も行われるようになった。それに伴い，組織が真に振り向けるべき外部事務の事務量が確保されていき，確保した事務量の活用による効果も出てくるようになった。さらに，組織戦略的なプランにより行政の質の向上も図られつつある。

　「人日管理」の徹底により，国民に向いた行政が展開できる，また，職員のワークライフバランスに資することもできる，そして，組織の事務運営の強化も図れるのである。

　こうした地方局Aにおける「人日管理」の取組みは，多くの方々のご尽力によるものである。すべての方々のお名前を挙げることはできないが，コアメンバーの1人として厚く感謝申し上げたい。

　特に，地方局Aの歴代の次長会のメンバーの方々には，「人日管理」の導

入以前から現在に至るまで，その取組みに対してさまざまな角度からのあたたかいアドバイスや，組織のために下支えをしていただいた。また，コアメンバーの方々とは，「人日管理」の徹底に向けて細かい議論をすることができた。当時のワクワク感が思い出されるとともに，それぞれの方々には感謝の念でいっぱいである。

　最後に，ご指導いただいたトップマネジメントの方々に感謝申し上げたい。そして，なにより，36年間奉職したわが組織には心からの感謝を申し上げたい。

2018年夏の日に

竹本隆亮

●目　次●

はじめに　i

第 **I** 部

行政管理会計の基礎

第1章　総　　論

1　財務会計と管理会計 ……………………………………………………………3

2　会計の歴史 ……………………………………………………………………4

（1）未分化時代の会計の歴史　4／（2）管理会計の歴史　5

3　管理会計をみる眼 ……………………………………………………………6

（1）管理か，会計か　6／（2）万能の手法はあるのか　6

4　PDCA（Plan-Do-Check-Action） ……………………………………7

5　収益・費用という軸による分類 …………………………………………8

（1）行政の分類　8／（2）管理会計手法の分類・整理　10

6　行政管理会計の全体像 ……………………………………………………11

（1）「収益」に分類される管理会計手法　11／（2）「費用」に分類される管理会計手法　12／（3）「総合的な管理」に分類される管理会計手法　12／（4）「収益側に拡張」した管理会計手法　12／（5）「費用側に拡張」した管理会計手法　12

第2章　収　　益

1　収益改善の重要性 ……………………………………………………………15

v

（1）利益の概念　16／（2）組織の活性化への役立ち　16

2　時間軸と組織管理軸 ・・ 17

3　中期経営計画と事業計画 ・・・ 18

4　予算管理 ・・ 19

（1）予算の意味合い　19／（2）予算管理のプロセス　20／（3）企業と行政の予算管理，もとは同じ？　20

5　方針管理と目標管理 ・・ 21

（1）方針管理　21／（2）目標管理　22

6　責任会計 ・・ 22

7　利益計画・利益管理のための手法 ・・・・・・・・・・・・・・・・・・・・・・・・・・・・・・・・・・・ 23

（1）損益分岐点分析　24／（2）直接原価計算　24

第3章　費　用

1　費用削減に目を向けさせる工夫 ・・・・・・・・・・・・・・・・・・・・・・・・・・・・・・・・・・・ 28

2　無駄についての考察 ・・・ 29

3　業務の標準化とプロセス分析 ・・・・・・・・・・・・・・・・・・・・・・・・・・・・・・・・・・・・・・・ 30

（1）業務の標準化　30／（2）プロセス分析（工程分析）　31

4　標準原価計算 ・・・ 32

5　TQC（全社的品質管理） ・・ 33

（1）TQCの特徴　33／（2）QCサークル活動　33

6　原価企画とVE（価値工学） ・・・・・・・・・・・・・・・・・・・・・・・・・・・・・・・・・・・・・・・ 35

（1）原価企画　35／（2）VE（価値工学）　36

7　TPS（トヨタ生産方式） ・・ 36

（1）TPSの基本　37／（2）TPSの2本柱とさまざまな概念・方法論　37

8　リーンマネジメント ·· 38

9　TOC（制約条件の理論）·· 39

（1）スループット会計　40／（2）ボトルネックへの着目と改善の5ステップ
等　40

10　ABC（活動基準原価計算）／ABM（活動基準管理）等················ 41

（1）業務の階層　41／（2）ABC（活動基準原価計算）　42／（3）ABM（活動
基準管理）　42／（4）ABB（活動基準予算）　44／（5）TDABC（時間適用
ABC）　44

11　LCC（ライフサイクルコスティング）······························ 45

12　関連する考え方 ··· 45

（1）サービス工学　46／（2）シックスシグマ　46／（3）暗黙知／形式知（知
識スパイラル）　47／（4）ダブルループ学習　48

13　行政における原価計算 ··· 49

第4章　総合的な管理

1　BSC（バランスト・スコアカード）································· 51

（1）業績評価システムとして考案されたBSC　52／（2）戦略を記述する戦略
マップとの併用　52／（3）戦略と業務の連結　54／（4）BSCの行政内環部へ
の拡張　55

2　MPC（ミニプロフィットセンター）······························ 56

（1）アメーバ経営　56／（2）テナント式損益管理　57

3　BB（脱予算経営）·· 58

（1）予算管理の逆機能　58／（2）BBの基本的な考え方と具体的な方法　58／
（3）BBへの批判　59

4　意思決定のための諸手法·· 59

（1）設備投資についてのさまざまな経済性計算　60／（2）設備投資計画にお

vii

けるリスク評価とリアルオプション　61／（3）さまざまな原価等　61

第5章　収益側に拡張

1　ロジック分析 63

（1）ロジックモデルの概要と歴史的な経緯　64／（2）ロジックモデルとロジック分析　65／（3）ロジック分析とプログラム評価論　66

2　KPI 67

3　戦略マップ再論 69

（1）戦略目標間の因果関係仮説に基づく戦略マップ　69／（2）合意形成における戦略マップの活用　70

4　業績予算 71

5　行政の中心部に適用され得るロジック分析等とEBPM 71

6　B／C分析（費用対効果分析） 73

（1）基本的な考え方　73／（2）現在の活用状況と今後の課題　74

7　費用対効果評価 74

第6章　費用側に拡張

1　事務量マネジメント 77

（1）事務量把握の重要性　78／（2）事務量マネジメントの基本的なイメージ 79／（3）複数手法を組み合わせた事務量マネジメントの全体的なイメージ 80／（4）組織や職員の方向づけ　82／（5）事務量マネジメントの導入　83

2　業務フロー・コスト分析 84

（1）基本的な考え方　84／（2）課題となるインセンティブ　85

3　BPR 86

（1）基本的な考え方　86／（2）事務改善活動との関係　87

viii

4 事務量に着目した管理会計手法の例…………………88

（1）政府系金融機関の事例　88／（2）国の執行部局の事例　88／（3）独立行政法人の事例　89／（4）業務フロー・コスト分析の事例　89／（5）自治体間ベンチマーキングによる業務改革の事例　89／（6）国の地方支分部局Aの事例　89

第7章　行政管理会計の課題

1 行政管理会計の全体像（再論）……………………………………91

2 共通言語としての行政管理会計…………………………………93

3 行政管理会計の3つの登山口……………………………………94

4 意思決定会計と業績管理会計……………………………………95

5 行政の弱点―「目標達成活動」…………………………………96

6 管理会計導入における行政の迷走………………………………97

7 行政実務家と管理会計研究者との交流の重要性……………100

8 推進力としての自治体議員の関心……………………………101

第Ⅰ部・引用文献　103

第　Ⅱ　部

国の地方局Aにおける取組事例

第1章　取組みの基本的視点

1 地方局Aにおけるα年度の取組みの全体像………………………109

2 天の利，地の利，人の利 ··· 111

3 ３度目の正直という経緯 ··· 112

4 「時間軸，コアメンバー方式」という戦略 ·················· 113

5 行政内部の動き ··· 115

（1）地方局Aにおける動き　115／（2）国の執行部局Xの反応　117／（3）その後の動き　119

6 今後の展開 ··· 120

（1）事務量が中心となる他の行政への展開　121／（2）さまざまな行政への展開　122

第2章　「人日管理」導入前の状況と課題

1 国の執行機関Xと地方局Aの概要 ······························ 125

（1）国の執行機関X　125／（2）地方局A　126

2 地方局Aの事務運営の基本形 ······································· 126

（1）事務区分別の事務量の把握　126／（2）その他の事務の一元化による運営　126／（3）提案制度　127／（4）事務運営指針と国の執行機関X，局から毎年発遣される指示文書　127／（5）PDCAサイクルに基づく事務運営　128／（6）職場環境の整備　128

3 活用されない稼働事績（事務日誌）···························· 129

4 増大するその他の事務量と職員のモチベーションの低下 ············· 131

5 捨てられていた提案 ··· 136

6 表層だけの事務運営方針 ··· 138

7 深層の事務運営は前年踏襲型 ······································· 139

8 押し寄せるWLBと働き方改革 ··································· 141

9 大幅に見直された事務運営体制 ··································· 143

第3章 「人日管理」導入をめぐる攻防

1 コアメンバーによるイメージ共有 ……………………………… 145

2 部内の中立的立場の者を理解者・協力者に ………………… 149

3 縦割り意識との攻防 …………………………………………… 152

4 総論賛成・各論反対の声との攻防 …………………………… 155

5 職員団体に対する真摯な説得 ………………………………… 158

6 残された反対派に対する説得 ………………………………… 160

7 事務改善提案の効率化効果の積算をめぐる攻防 ……………… 161

8 1枚にまとめた組織戦略とその横展開 ……………………… 163

9 インセンティブ措置による組織戦略のさらなる展開 ………… 167

10 結構難しい，事務運営におけるPDCAの徹底 ……………… 169

第4章 「人日管理」導入後も続く徹底・徹底・徹底

1 事務改善提案のさらなる徹底的活用 ………………………… 175

2 事務改善提案がBPR（大きなプロセスの抜本的改善）を誘発 …… 179

3 想定しにくかった，効率化できた事務量の
転換プロセスによるロス ……………………………………… 182

4 その他の事務の集中化への試行および
集中処理における事務量分析 ………………………………… 188

5 事務量分析の活用で，その他の事務のみならず，
特定事務の有効活用にも ……………………………………… 191

6 他局と比べて高い特定事務の割合 …………………………… 195

7 マイナンバー本格化への前哨戦として ……………………… 197

第5章　地方公共団体等との連携

1　「人日管理」の地方公共団体への紹介とその反応について·············· 199

2　重複事務の解消，情報のデータ連携による
　　成功実例に基づいた連携の強化································· 203

3　戦略マップの活用による外部との連携····························· 206

第6章　今後の課題とまとめ

1　プロジェクトX（エックス）に向けて
　　―今後，取組みを強化するポイント····························· 209

　（1）職員の多能化，事務処理の標準化に向けた仕様書の作成　209／（2）各事務所における事務改善活動と局における掘り起こし活動　210／（3）局内の人日管理　211／（4）地方公共団体への展開　212／（5）部内の可視化と外部からの可視化　212

2　プロジェクト×（ペケ）としないために···················· 214

　（1）組織戦略強化のための弾力的定員措置の本格導入　214／（2）組織の価値観と組織戦略の強調　215／（3）一般的な方法論の活用　215

3　まとめ·· 216

　（1）揺るぎない理念と価値観　216／（2）検証と改善を意識したマネジメント　217／（3）リーダーシップを発揮した行動　218

索　　引　　219

実践・行政マネジメント

―行政管理会計による公務の生産性向上と働き方改革―

第 I 部

行政管理会計の基礎

昨今，地方公会計や地方公営企業会計の整備が進み，会計の活用方法に関心をもたれつつあり，管理会計も視野に入ってきている。そこで，本書では，行政で扱う管理会計を行政管理会計と置き，行政実務家を念頭に，その全体像がわかる読み物としてまとめている。

第Ⅰ部は，「自治体の議員・職員のための行政管理会計入門」と題し『月刊 地方財務』2017年9月号～2018年4月号（ぎょうせい）に連載した原稿を修正したものである。その内容は，著者が「行政管理会計と組織変革」と題し明治大学公共政策大学院ガバナンス研究科で行っている講義（2単位）の一部からまとめている[1]。

本書の出版に当たっては，昨今の出版不況に加えスケジュールが非常に多忙ななか，同文舘出版の青柳裕之氏には本書の社会的意義をお認めいただき，ご尽力を賜った。著者として厚く御礼を申し上げたい[2]。

1）連載のもととなる原稿については，専修大学・玉川大学における研究会でご検討いただいた。感謝を申し上げたい。なお，一連の見解は著者の私見である。
2）本書をまとめるに当たり，著者2人とも原稿料等を放棄している。

第1章

総　論

1　財務会計と管理会計

　まず，企業における財務会計と管理会計の違いについて確認しておく。櫻井（2015, p.11）によれば，財務会計の役割は，貸借対照表（B/S）や損益計算書（P/L）などの財務諸表をステークホルダーに提供することにあり，その目的は，配当可能利益を算定し，主に財務情報をステークホルダーに開示することにある。これに対し，管理会計の役割は，戦略を策定し，経営意思を決定し，マネジメント・コントロールと業務活動のコントロールを行うことで，経営者を支援することにある。これをまとめれば**図表 I -1-1**のとおりである。

図表 I -1-1　財務会計と管理会計の特徴

視点	財務会計	管理会計
情報の利用者	内外のステークホルダー	企業内部の経営管理者
主な利用目的	ディスクロージャー， 配当可能利益の算定	戦略の策定，経営意思決定， マネジメント・コントロール
報告書の種類	財務諸表	予算報告書，中長期経営計画書
情報の特性	客観性，信頼性	目的適合性，有用性，迅速性
法規制の有無	会社法，金融商品取引法	不要

出所：櫻井（2015, p.12）より。

なお，企業における管理会計は内部報告会計ともいわれる。これに対し，行政管理会計は必ずしも内部報告会計だけに整理できるものではない。大西（2010a, pp.303-304）で述べたように，行政管理会計では，納税者等の理解の向上の観点から外への可視化もまた重要である[3]。小林（2012, p.54）も，政府会計において管理会計は財務会計とともにオープンシステムとして機能することが不可避であると指摘する。

2 会計の歴史

それでは次に，会計の歴史を振り返る。ここでは最初に，歴史をみることの意味について言及したのち，財務会計・管理会計未分化の時代の会計の歴史をざっと概観し，管理会計の歴史に話をつなげる。

物事をその歴史からみる歴史的アプローチは，複雑な現実を理解するためには有用な方法論である。管理会計についても，さまざまな検定試験で体系化されている簿記論からみるのと，管理会計の歴史をとおしてみるのでは，そのイメージは大きく異なる。具体的には，簿記論からみた場合，管理会計は概ね原価計算論に含まれ，しかも工業簿記で説明されていることから，ややもすれば財務会計の附属物というイメージとなる。これに対し，管理会計をその歴史からみた場合，後述のようにPDCA（Plan-Do-Check-Action）が大きな存在となっており，そのイメージはまったく異なるものとなる。

（1）未分化時代の会計の歴史

それでは，ここで，財務会計・管理会計が未分化であった時代の会計の歴史をみる（渡辺 2014, pp.10-15）。会計関係で最初に動きがあったのが複式簿記である。13世紀頃から，イタリア諸都市の商人が地中海貿易をリードし，香辛料，果実，織物等の貿易で大いに繁栄した。事業が活発になると信用取

3） ただし，マネジメントに要する情報は詳細なものも多いので，これらすべてを可視化すべきとすれば無用の混乱を生ぜしめよう。

引が増加し，その記録のために，取引を原因と結果の両面で捉える複式簿記が編み出され，15世紀のイタリアで誕生したといわれている。そして，次の動きが一定期間ごとに決算を行う期間計算である。大航海時代に入り，従来の１航海ごとの当座企業としての決算から，16世紀末のオランダの東インド会社のように，継続企業として，一般投資家から出資を募り，定期的な利益計算（期間計算）が行われるようになった。さらにその後，18世紀には英国が発展し，1760年代から1830年代の産業革命の時代には固定資産の重要性が増した。これを受けて，長期間使用する固定資産について，減価償却により事業年度ごとに費用として認識する（費用化する）必要が生まれ，ここに発生主義が誕生した[4]。

（2）管理会計の歴史

そして，管理会計の歴史である[5]。管理会計の誕生には，PDS（Plan-Do-See）[6]のもととなった科学的管理法が大きな役割を果たしている。大陸横断鉄道等の近代的大企業の興隆がみられた米国では，一方では組織的な怠業に悩まされていた。19世紀末にテイラーは，作業の標準化等を内容とする科学的管理法を提唱し，これを受けて能率技師（科学的管理論者，生産エンジニア）が活躍した。能率や効率を優先して考える能率技師と，会計メカニズムを優先して考える会計士とのせめぎ合いのなかで米国型の原価計算が発展した。これをもとに科学的管理法と予算統制が結びついて標準原価計算が編み出され，1924年にマッキンゼーにより管理会計が成立したとされる[7]。その後，大恐慌時代を迎え，従来の無駄低減型の管理会計ではなく，遊休生産能力活用の観点からの利益管理の方法である損益分岐点分析等が誕生した。

4）同一に扱われることの多い発生主義と複式簿記は，ここでみたように別々の経緯から生まれたことは注目される。

5）概要は大西（2010a, pp.15-21）で整理している。

6）④で述べるように現在ではPDCA（Plan-Do-Check-Action）が一般的である。

7）管理会計の生成について学説的には，経営管理のための原価の算定が行われた15，16世紀の欧州にあるとされる。

そして，第二次世界大戦を経てさまざまな数理的な分析やモデルを活用した分析等が行われるようになった。1960年代から70年代にかけて，企業・行政を問わず，長期的な計画の下でプログラムを考え短期的な予算編成を行うPPBS（Planning-Programming-Budgeting System）が注目された。その後，1970年代から80年代の日本企業の攻勢を受けて，管理会計が米国企業の役に立っていないという批判のなかから，米国でABC／ABMやBSC等のさまざまな管理会計手法が編み出され，現在に至っている。その一方で，原価企画やアメーバ方式など，わが国発祥の管理会計手法も存在する。

3 管理会計をみる眼

ここで，管理会計をみる眼として，「管理か，会計か」という視点と「万能の手法はあるのか」という2点に言及する。

（1）管理か，会計か

まず，「管理か，会計か」についてである。前述のように管理会計は，能率技師と会計士との相克のなかから米国で1920年代に誕生した。そこから現在に至るまで，管理を中心に考えるのか，B/SやP/L等の会計メカニズムのなかで考えるのか，論者により幅がある。管理を中心に考えた場合，貨幣表示の会計数値に影響を与え得る非貨幣的な要因（ドライバー）もまた考察の対象に含まれることとなる。これは，行政実務家にとっては自然な発想である。ここでは一貫して前者の管理を中心に考える立場をとることとしたい。

（2）万能の手法はあるのか

次に，「万能の手法はあるのか」についてである。管理会計は，さまざまな管理会計手法[8]の集合体の観を呈している。手法の数はあまたあり，手

8）管理会計技法ともいうが，ここでは管理会計手法に統一する。

法論にも基本はある。しかし，どのような状況にも適応する万能の手法というものは存在しない。実際には，さまざまに複雑に絡み合った現実を前に，それぞれの場面や局面ごとに，いくつかの管理会計手法を組み立て直し，それらを組み合わせて使っていくことが求められる。

行政実務家においても，さまざまな管理会計手法について「組み合わせの妙」を見出しつつ，それぞれの局面々々での適用可能性を考えていただければと思う。そこでは，定性的な理屈・論理をとりあえず当てはめて安心するのではなく，現場の動きを虚心坦懐に観察することを通じて得られるものを大事にすることが必要となる。

4 PDCA(Plan-Do-Check-Action)

ここでは，大西・福元（2016c）をもとに，管理会計においてPDCAが大きな存在であることを述べる。先述したように，管理会計は，その誕生の経緯において，テイラーの科学的管理法と極めて近い関係に立つ。PDCAのもととなったPDS（Plan-Do-See）サイクルは科学的管理法に由来するとの説もある[9]。

わが国ではPDSをPDCAということが多い。用語としてのPDCAは品質管理の議論からきている。1950年にデミング博士の来日時の講演会で「設計，製造，販売，調査・サービス」からなる円環状のサークルが示された。その後，この円環状のサークルに，品質管理（Quality Control）的に考えた手順を示すという観点から，PDCA（Plan-Do-Check-Action）という用語が当てはめられた。

その後，PDCAという用語は，経営や管理一般にも積極的に拡張されて用いられるようになった。その結果，現在ではPDSではなく，PDCAという用語が一般化している。

---

[9] PDSサイクルで経営を考える管理過程論は1950年代米国で興隆を迎えたが，テイラーより少し後のファヨールを始祖とするとされることが多い。

いずれにせよ，管理会計手法には，標準原価計算等にみられるように，PDCAで考えられるものが非常に多い。管理会計の歴史には，科学的管理法の大きな貢献があるのである。

5 収益・費用という軸による分類

　行政はその活動範囲が広いことから，そこにはさまざまな様相がある。このため，行政管理会計において，何を対象に，すなわち，どういう行政を対象に議論しているのかが常に問題となる。また，管理会計手法もあまた存在し，これをどう分類・整理するかが問題となる。そこで，行政についても，管理会計手法についても，収益・費用という軸で分類することとする。

　このように鳥瞰的に整理しておく理由は，ほとんどの行政がどこかに当てはまるからである。「自分たちの行政は特殊なので，管理会計手法等にはなじまない」という反応を示す行政組織は多いと思われるが，実のところ，そのような場合はそれほどないのである。

（1）行政の分類

　まず，行政について，収益（売上）・費用の軸からなる3類型で考える[10]。具体的には，収益と費用とをともに金額表示で把握できる独立行政法人や地方公営企業等の類型（外環部），収益は金額表示で把握できないものの費用は何とか把握できる行政の執行部局の類型（内環部），さらには，収益も費用も金額表示では把握しにくい政策の企画立案部局の類型（中心部）である。図で示せば，**図表Ⅰ-1-2**のとおりである。なお，これらの分類はあくまで概念としての整理であり，境界線上の事例では分類に迷う場合もあることは付言しておく。

---

[10] 通常，収益獲得のために費消した経済価値を費用という。コストといってもよい。そこでは，製品等に跡づけできない非原価も含めて考えている。

図表 I-1-2　収益・費用からみた行政の3分類

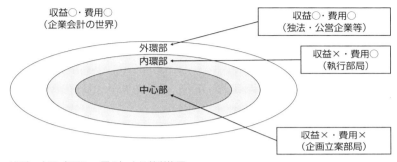

出所：大西（2017a, 図1）より著者修正。

　ここで，行政の外環部（独法・公営企業等）や内環部（執行部局）が意外と大きいことについて述べる。まず，収益と費用が認識できる行政の外環部であるが，そこには，日本年金機構や商工中金等の，特別の法律によって設立された特殊法人が33法人[11]，国の各省の行政活動の一部を分離し，独立の法人格を与えて設立した独立行政法人が87法人，この他，国立大学法人が86法人，それぞれ存在する。また，地方公共団体が設立した地方独立行政法人が135法人（うち公立大学70法人，病院等の公営企業に相当する法人53法人など）存在する。さらに，地方公営企業[12]が，上水道1,344事業，下水道3,639事業，病院636事業，交通87事業，電気92事業など，総計8,614事業存在している。この他，収益・費用ともに認識できる公営住宅等も存在する。

　次に，収益は認識できないが，費用は認識できる行政の内環部（執行部局）である。国の場合，平成29（2017）年度末定員は29.7万人であり，このうち，刑務所や管区海上保安本部，地方入管，税関，検疫等の治安関係に7.6万人，国税局や税務署といった国税に5.6万人，地方整備局等の河川・道路・港湾等に2.4万人，自衛官を除く防衛に2.1万人，労働基準監督署や職業安定所と

---

11) この中には，NTTや東京メトロ，JR貨物等，一般の感覚では民間企業と考えられているような法人も含まれる。
12) 地方公営企業は地方公共団体の一部であり，独立の法人格は有さない。

いった労働に2.1万人，地方農政局といった農政に1.0万人などであり，その他，内部部局等に5.6万人が存在する[13]。

また，地方公共団体の場合，平成29（2017）年度の定員は全国で273.8万人である。

一般行政部門計で91.1万人であり，内訳は，総務企画部門に21.3万人（うち窓口等の住民関連に7.2万人），税務部門に6.6万人，福祉事務所や児童相談所等の民生部門に22.8万人，衛生部門に13.7万人（うち保健所等の衛生に7.7万人，清掃に4.6万人），農林水産部門に8.1万人（うち農業一般に5.4万人），土木部門に13.9万人（うち土木に8.2万人）などである。このほか，教育部門に102.2万人（うち義務教育に68万人，その他の学校教育に23.8万人，学校教育以外の教育に10.3万人），警察部門に28.7万人，消防部門に16万人である。以上のほか，国民健康保険事業や介護保険事業等の公営企業等会計に35.8万人[14]となっている。

以上の所属部門から明らかなように，国であれ地方公共団体であれ，職員の多数は行政の内環部（執行部局）に所属していると考えてよいと思われる。なお，行政の中心部（企画立案部局）について，ひとこと付言する。たとえば，国の場合，本省のすべてを政策の企画立案部局とすることも見受けられるが，その機能をきちんと観察すれば，本省のなかに行政の執行部局も多く入り込んでおり，政策の企画立案部局はその一部にすぎないことも多い。これは地方公共団体の首長部局であっても同じである。

（2）管理会計手法の分類・整理

収益・費用という軸は，さまざまな管理会計手法の分類・整理を行う際にも役立つ。管理会計手法を体系的に整理した体系論については，過去1950年代，60年代を中心に議論されてきたこともあったが，さまざまな管理会計手法が見出され定式化されるなかにあって，体系論それ自体が安定的な存在で

13）この他，自衛隊も存在する。その現員は計22.7万人である。
14）公営企業等会計には，外環部に相当する公営企業職員34万余人を含む。

あったことは極めて少なかった。管理会計体系論がそのような存在であるなかで，さまざまな管理会計手法をどのようにまとめるのかも1つの論点となる。そこで，ここでは，管理会計手法について，どういう側面が強調されているかを基本として，便宜的に，①「収益」，②「費用」，③「総合的な管理」，④「収益側に拡張」，⑤「費用側に拡張」，と整理しまとめる。前三者が伝統的な管理会計手法，後二者が広義の管理会計手法である。ちなみに，後二者の広義の管理会計手法については，樫谷ほか（2016, p.16, 図表序-4）において計数的マネジメントとして掲げているものを中心に，若干の追加を行っている。

6　行政管理会計の全体像

　収益・費用という軸を用いて整理してきた行政の3分類と，「収益」，「費用」，「総合的な管理」，「収益側に拡張」，「費用側に拡張」という形で5つに分類した管理会計手法について，その射程も含め概念的に示せば**図表Ⅰ-1-3**のとおりとなる。その内容等については，順次説明していくが，あえて先走って概念的に言及すれば以下のとおりである[15]。

（1）「収益」に分類される管理会計手法

　まず，「収益」に分類される管理会計手法である[16]。そこには，目標利益の具現化としての予算管理，利益確保のための手法である損益分岐点分析や直接原価計算などの管理会計手法が含まれる。これらは，収益と費用が明確に把握できる行政の外環部までを射程とするものが多い。

---

15) 子細は，同じ分類でも管理会計手法によって射程が異なる場合がある。ここでは，あくまで概念的な整理である。
16) 収益管理に重点がある手法を，ここでは「収益」に分類される管理会計手法という。

11

（2）「費用」に分類される管理会計手法

次に，「費用」に分類される管理会計手法である[17]。そこには，標準をめぐるPDCAで原価維持を図る標準原価計算，製品が活動を消費し活動が資源を消費するという考え方に立脚する活動基準原価計算（ABC）／活動基準管理（ABM），設計・企画といった川上段階で原価の作り込みを行う原価企画などが含まれる。これらは，収益は明確に把握できないものの費用は把握できる行政の内環部までを射程とする。

（3）「総合的な管理」に分類される管理会計手法

さらに，「総合的な管理」に分類される管理会計手法である[18]。そこには，非財務指標を含め通常は4つの視点からみていくバランスト・スコアカード（BSC），小集団活動をベースに損益管理を行うミニ・プロフィット・センター（MPC）などが含まれる。これらは，収益と費用が明確に把握できる行政の外環部までを射程とするものが多い。

（4）「収益側に拡張」した管理会計手法

そして，「収益側に拡張」した管理会計手法である[19]。そこには，インプット→活動→アウトプット→アウトカムで示されるロジック・モデルを活用するロジック分析や，公共事業における費用対効果分析（B／C分析）などが含まれる。これらは，収益は明確に把握できないものの費用は把握できる行政の内環部までを射程とするものが多い。

（5）「費用側に拡張」した管理会計手法

次に，「費用側に拡張」した管理会計手法である[20]。そこには，職員の事

---

17) 前注と同じく，費用管理に重点がある手法を，このようにいう。
18) 収益管理と費用管理の両面に重点がある手法を，このようにいう。
19) 収益側をバーチャル（疑似的）に認識する手法を，このようにいう。
20) 費用側をバーチャル（疑似的）に認識する手法を，このようにいう。

務量を中心に考える事務量マネジメント（第Ⅱ部では人日（にんにち）管理と呼称）や，地方公会計等の整備を基盤に施設等の管理による費用逓減を目指すファシリティ（アセット）・マネジメントなどが含まれる。これらは行政の内環部までを射程とする。

なお，行政の中心部にある政策の企画立案部局には，ロジック分析といった一部の手法を除き，管理会計手法の活用は困難なことが多い。そこでは，もっぱら経済学的手法の活用が期待されることとなる。

図表Ⅰ-1-3　行政管理会計の全体像（概念図）

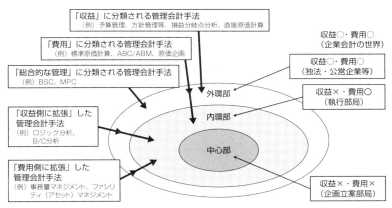

出所：大西（2017b, p.87, 図２）より著者修正。

第2章

収　益

本章では「収益」に着目する。管理会計には収益管理に重点があると整理される一連の手法がある。これらの手法は，行政のうち，収益と費用をともに金額表示で把握できる独立行政法人や地方公営企業等の類型の行政の外環部にもっぱら適用される。

ここでは，まず，組織の活性化に効果のある収益（売上）の改善（向上）の重要性に言及する。そして，収益管理の柱となる予算管理を概観したのち，方針管理等について言及する。その後，いくつかの手法を概観する。

実務を通じた著者の印象では，行政では収益がないことが多いことから，「収益」に分類される管理会計手法に対しても関心が薄くなる傾向がある。しかし，これらの手法の基本的な発想は，収益がない場合でも応用できる局面が非常に多い。管理会計論の中心の1つが「収益」に含まれる予算管理であることをふまえると，きちんと理解しておく必要がある。

1　収益改善の重要性

収益は企業経営のみなもとである。これは，独立行政法人や地方公営企業等の行政の外環部でも変わらない。事業の持続可能性を高めるには経営が必要であり，経営の基本は，収益の改善を図り，もって利益を確保することにある。

（1）利益の概念

　われわれには「行政は利益を追求してはならない」という誤解が根強くある。利益は収益から費用を引いたものであり，利益の獲得方法には大きく次の３つがある。

　まず，市場価格を所与とし，原価[1]を下げて利益を確保する「原価削減方式」である。これはコスト競争力がある場合に指向され，資源の乏しいわが国の企業が得意とする方式である。

　次に，原価を所与とし，これに利益を加算し，売価にする「マークアップ方式」がある。これは価格支配力がある場合に指向される。多くのブランド戦略がこれに該当する。

　さらに，収益から原価を控除し，利益が残ると考える「結果としての利益」がある。これは，医療などで選択されることが多い。

　行政においては，これらの利益についての考え方をバランスよく考えていくことが望ましい。「原価削減方式」は住民に料金水準を納得してもらうためにも必要である。その一方で，やむを得ない場合には「マークアップ方式」をとる必要もあろう。また，「結果としての利益」が妥当する場面も多い。収益改善を意識するためにも，利益をタブー視するのではなく，正面から捉えていくことが望ましい。

（2）組織の活性化への役立ち

　行政においては，一般的に，収益改善よりも費用削減に関心が向かいがちである。効率化も費用削減の文脈でのみ考えられる傾向もある。

　しかし，企業にあっては，「人間はだれでも原価を削減することよりも利益の増大に大きな喜びを感じる」（櫻井 2015, p.52）といわれている[2]。費用削減よりも収益改善による利益の増大の方が，力が出る，すなわち，従業員の興味を引くのである。

1）通常，製品やサービス等の生産のために費消した経済価値を原価という。
2）第Ⅰ部では費用と原価は区別して考えるが，ともにコストと読み替えてもよい。

これは行政にあっても同じである。行政でも収益改善の方が，力が出る，すなわち，職員の興味を引く，換言すれば，組織の活性化に役立つのである[3]。行政であっても，収益と費用，利益が認識できる企業体である以上，細かい点も含め，収益改善には貪欲であってしかるべきである。収益改善への取組みを通じ，職員の意識を変え，組織の活性化につなげていくことが望まれる。

　これに関連して，たとえば，地方公営企業でも民業補完の考え方は尊重すべきだが，それゆえに，民間企業が存在しないなどの理由から民業との競合が問題にならないにもかかわらず，収益改善の努力が甘く，その結果，みすみす収益を失っている例もある。残念である。

2　時間軸と組織管理軸

　標準的な管理会計論に従えば，企業のマネジメントは，時間軸と組織管理軸の2つの視点から整理されることが多い。ここでは，樫谷ほか（2016，pp.7-12）を参考に，わかりやすさを優先して若干デフォルメしつつ説明する。時間軸の視点は，長期ビジョンから3年程度の中期経営計画，単年度の事業計画，利益計画に展開される視点である。その後，部門別に目標利益が割りつけられる形で予算管理が行われる。一方，組織管理軸の視点は，部門別の予算管理から，方針管理，目標管理などという形で展開される。

　重要な点は，時間軸と組織管理軸の交点に，目標利益の具現化としての予算管理が存在することである。収益管理に重点がある管理会計手法において，予算管理は重要な位置を占める。これを図解すれば**図表Ⅰ-2-1**のとおりである。行政でも，時間軸に属する総合計画等が定められ，組織管理軸に属する目標管理が実施されている。しかし，これらの間をつなぐ予算管理は存在しないことが一般的である。すなわち，行政では予算管理がミッシングリンク（失われた環）となっているのである。

3）収益がない行政の内環部でも，収益に相当するもので考えれば同じ論理が成り立つ。

図表Ⅰ-2-1 時間軸・組織管理軸と予算管理

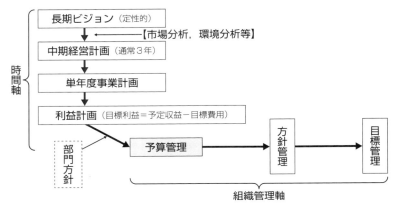

出所：大西（2017c, p.161, 図2）より著者修正。

3 中期経営計画と事業計画

　企業のマネジメントを時間軸の視点に従って示せば，まず，経営理念があり，その下に，定性的に示される長期ビジョンがある。そして，3年程度であることの多い中期経営計画が定められ，それに従って，単年度の事業計画が定められる。さらに，予定収益と目標費用から目標利益が定められ，これをもとに，単年度の利益計画が作られる[4]。これらの計画等では，財務情報のみならず，非財務情報もモニタリングされ，それぞれにPDCAが回っていることが多い。

　時間軸の視点は，長期的な計画に基づく行政運営という形で行政でも取り入れられている。国の社会資本整備計画や地方公共団体の基本構想や総合計画などである。しかし，このような長期的な計画は，企業であれ行政であれ，政治的な意味合いを帯びることが多い。特に行政にあっては，人口減少社会

---

[4] 事業計画と利益計画は元来別のものだが，同じ意味で使う企業も多い。

という右肩下がりのなかで，人口増を伴うような楽観的な計画が政治的な理由から定められ，これが過大な投資を誘発し，将来の負担増を招くという構図が案じられる。持続可能性の毀損には注意すべきである。

4 予算管理

　予算管理は間違いなく，管理会計論の中心の1つである。これまでみてきたように，企業では，予算管理は時間軸の視点と組織管理軸の視点の交点に存在し，企業運営の要の役割を担っている。これに対して，行政では，企業と同じ意味での予算管理は存在しないことが多く，また，予算そのものについても，予算消化などと，あまり良い意味では使われないことが多い。

　そこで，ここではまず，企業と行政における予算の意味合いについて確認したのち，予算管理の内容について言及する。そのうえで，予算管理の歴史をひも解きつつ，企業と行政の予算の共通性に触れることとする。

（1）予算の意味合い

　企業の予算と行政の予算のそれぞれの意味合いは異なる。これまで述べてきたように，企業では，予算管理は本社経営管理部と部門とのやりとりを通じて，目標利益を各部門に割りつける形で予算数値が定められる。目標利益の具現化としての予算管理である。

　これに対して，行政では，年度ごとに予算は定められるが，国の予算であれば，立法府から行政府に対する財政権限付与の一形式であり（小村 2002, p.161），立法府が行政府の経済活動に上限を設定したものである（貝塚 2003, p.40）。このように，行政における予算は歳出権限の付与というべきものであり，そこには目標利益の具現化という意味合いはない。

　なお，ここでひとこと付言する。確かに，行政の中心部（政策の企画立案部局）や内環部（政策の執行部局）では，予算の意味は上述のとおりであるが，収益・費用・利益が把握される独立行政法人や地方公営企業等の行政の

外環部では，企業と同じ意味での予算管理が成り立つ。現にそういう予算管理を行っている法人や公営企業等も存在するであろう。しかし，その一方で，何の疑問ももたずに，行政の中心部や内環部での予算の取り扱いと同様に考え，目標利益の具現化としての予算管理を意識することなく，漫然と執行している法人や公営企業等も多いと思われる。留意すべき点であろう。

（2）予算管理のプロセス

　予算管理は，利益計画から目標利益が割りつけられる形で，部門別に予算が定められる。予算管理の基本は，計画，調整，統制の3機能にあり，計画と調整からなる予算編成プロセスと，統制からなる予算統制プロセスに分けられる。

　予算編成プロセスは，予算編成方針の下，部門別予算が定められるプロセスである。経営陣，予算部門，担当部門間での垂直的調整と，担当部門間での水平的調整を経て，目標水準としての予算数値が策定される。米国ではトップダウン型の予算編成が多く，わが国ではボトムアップ型の予算編成が多いといわれている。

　一方，予算統制プロセスは，目標水準としての予算数値の伝達，目標への動機づけ，責任明確化と業績評価の諸機能を有する。後述の⑥「責任会計」と密接な関係に立つ。

（3）企業と行政の予算管理，もとは同じ？

　予算管理は19世紀から20世紀にかけての米国で生成し，第一次世界大戦後に一般化した。当時の企業予算と政府予算との関係については大西（2010a, p.17）でまとめたように諸説があるが，両者の密接な関係を指摘する者は多い。北村（2006）は，予算管理論の発展過程について，政府予算から現在の企業予算まで段階的につながっている姿を描いている。そこでは，予算の役割について，もともと政府予算制度では支出の制限（資金配分）にあったものが，活動の指針（調整）を意味する予算統制システムに拡充され，さらに，

統制・評価の基準としての業績評価・責任会計システムに展開され，最終的に利益目標の達成を意味する予算管理システムに発展してきたと整理する。このように，企業の予算管理は行政の予算とはまったく別のものとして誕生したのではなく，行政の予算から発展してきたとも指摘できるのである。

5 方針管理と目標管理

　ここでは，組織管理軸の視点から，方針管理と目標管理に言及する。これらは予算管理で部門別に割りつけられた目標利益の実現のための方策である。目標利益から方針管理，担当者レベルの目標管理という流れなどがある[5]。

(1) 方針管理

　方針管理はわが国企業発の手法である。結果を重視し過ぎる目標管理の問題点[6]をふまえ，結果を生み出すプロセス（工程）に注目するわが国のTQC（Total Quality Control：全社的品質管理）の一環として，PDCAに基づく手法として1960年代に誕生し，現場での活用を通じて帰納的に発展してきた（赤尾編 1989, pp.3-4）。

　方針管理では目標だけでなく，プロセスでも管理される。目標については，目標達成度という結果による管理を行うが，これに加え，目標実現のための手段としての方策を管理することを通じ，結果のみではなくプロセスによる管理をも行おうというものである。

　そして，目標と方策を組織の階層に従って展開することを方針展開といい，目標のブレイクダウン（目標の展開）と，目標から手段（方策）への展開がある。一般に目標が大きければ，まず目標の展開を行い，絞り込まれた目標に対し方策を考案し，次にこの方策を目標とみなし，さらにそのための方策

---

5) 方針管理，目標管理は，レイヤー（層）構造ではなく，重畳的な適用もあり得る。1つに固まっているわけではない。
6) 後述のように，これは目標管理の稚拙な運用に伴い生じた問題ともいえる。

21

図表Ⅰ-2-2　目標と方策の下方展開

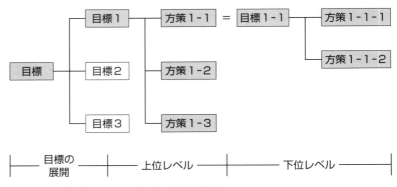

出所：飯塚監修（1996, p.15, 図1-3）より著者修正。

を展開する。これは，**図表Ⅰ-2-2**のように，ちょうど目的・手段関係の連鎖の構図となる。

（2）目標管理

　目標管理は，設定した目標をどれだけ達成できたかを測定し，個人の業績を可視化するためのツールである。わが国では1960年代から一般化した。これは，1954年にドラッカーが自己管理による目標管理を強調したことに始まっている。目標管理はノルマづけをイメージしやすいが，ドラッカーの意味するところとは異なる。留意されるべきである。

　目標管理の問題点としては，①評価者間の評価基準が不統一である，②目標設定や目標達成の基準が不明確である，③目標達成プロセスが軽視されているなど，いくつか指摘されている。目標管理の実施に当たっては，問題点を意識して工夫しつつ運用することが求められる。

6　責任会計

　責任会計とは，会計を管理上の責任に結びつけ，職制上の責任者（個人）

の業績を明確に規定し，もって管理上の効果を上げるように工夫された会計制度である[7]。責任会計は，戦時経済体制から平時体制に移行するなかで，競争が激化しつつあった第二次世界大戦後の米国で誕生した。当初，製造部長等の原価のみに責任を負う原価センターから始まり，事業部長等の原価に加え収益にも責任を負う利益センターに，さらには資本利益率（利益額／投資額）で測定・評価される投資センターに発展してきた。利益責任を負った事業部制は，責任会計の1つの形態である。

　責任会計では，業績測定・評価の基礎にある最も重要な基準として，管理可能性を位置づけており，管理可能性が責任を定義するといわれている。しかし，行政に責任会計を機械的に適用した場合，個人責任の行き過ぎた追及，ノルマ主義，縦割り，行き過ぎた成果主義という弊害が生じやすい。そこで，これらを避ける観点から，職員感情に配慮する，責任の範囲を決める際の概念を管理可能性から拡張する，業績管理という執行プロセスの重要性を認識する，管理会計の他の方法論と一緒に扱うといった工夫が望まれる（大西・梅田，2018）。責任会計は他の管理会計手法に比べて広い概念であり，その内容からしても他の方法論を用いて責任会計を実効的にするといった使い方が自然である。

7 利益計画・利益管理のための手法

　収益管理に重点のある管理会計手法の最後に，利益計画・利益管理の手法である損益分岐点分析と直接原価計算を簡単に説明する。これらの手法は1930年代の大不況期の米国において，経営者の関心が遊休設備を活用し，利益をいかに上げるかに移りつつあるなかで誕生した。これらの手法が強調する視点も，行政では忘れられやすい[8]ので留意が必要である。

7）似た言葉として，受託財産の管理責任という意味の会計責任がある。
8）独立行政法人や公営企業等の行政の外環部では，固定費の比率が高い分野が多い。固定費の活用を考えさせる手法が重要となるゆえんである。

(1) 損益分岐点分析

損益分岐点分析は,損益分岐点を算出する過程を通じて原価・操業度・利益の関係を分析するもので,**図表Ⅰ-2-3**のとおりとなる。この手法は図を通じた直感による方がわかりやすい。

損益分岐点分析は固定費の効率的・効果的な活用に有効である。一般的に,固定費が増えれば,損益分岐点が上昇し,その回収に売上高や操業度を上げなければならなくなり,経営が不安定になる。このため,損益分岐点分析により,固定費となる過大な投資を慎重に考えることができるようになる。

図表Ⅰ-2-3 損益分岐点分析の基本

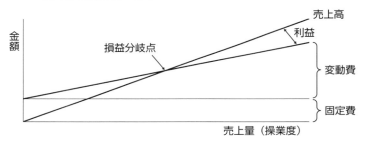

出所:大西(2017b, p.167, 図4)より。

(2) 直接原価計算

財務会計は,原価計算として全部原価計算しか認めていない。しかし,全部原価計算によると,在庫増でも利益は増加することとなり,経営者の感覚と合わなくなる。そこで,直接原価計算では,売上高から先に変動費を控除し,残額(限界利益)と固定費との多寡をもって営業利益を把握しようとする。

直接原価計算のメリットとして,①売上高に対応して利益が把握されることにより,経営者が利益計画を立てやすくなる,②遊休設備の活用[9]など

---

9) 遊休設備を活用した場合,直接原価計算で考えれば,その原価は変動費分で足りる。

を通じて，操業度政策や価格政策等の意思決定が可能となる，③固定費は固定費として把握されることから，原価管理がしやすくなるといった点が指摘されている。

第3章

費　用

　本章では「費用」に着目する。管理会計には費用管理に重点がある数多くの手法がある[1]。これらの手法は，行政のうち，費用を金額表示で把握できる部分にもっぱら適用される。具体的には，独立行政法人や地方公営企業等の行政の外環部，および，政策の執行部局の行政の内環部の両方である。

　概要は以下のとおりである。まず，費用削減に向けた工夫から述べる。先述したように，人間の本性から費用削減には力が入らない傾向があるため，工夫が必要となる。次に，無駄を考察する。これは現在，働き方改革の流れでよく取り上げられている。そして，業務の標準化とプロセス分析について言及する。これらは，「費用」に分類される管理会計手法をはじめ，多くの手法のいわば基礎となる。その後，標準原価計算に言及する。さらに，TQC（全社的品質管理）や原価企画等について述べたのち，TPS（トヨタ生産方式）を概説する。そして，TPSと関係の深いリーンマネジメントやTOC（制約条件の理論）に言及する。次に，ABC（活動基準原価計算）／ABM（活動基準管理）を説明したのち，近年指摘されることの多いTDABC（時間適用ABC）を概説する。ABMは第6章の事務量マネジメント[2]と密接な関係を有する。その後，LCC（ライフサイクルコスティング）に言及する。そのうえで，管理会計論と密接に関連すると思われるサービス工学など，いくつかの考え方を述べ，最後に行政における原価計算について言及する。

---

1 ）ここでは「費用」に分類される管理会計手法という。
2 ）樫谷ほか（2016）でも事例を含め詳述している。

実務を通じた著者の印象では，行政では費用を金額表示で把握できる部分が比較的大きいことから，「費用」に分類される管理会計手法の適用もイメージしやすい。著者もそうだったが，行政管理会計については，わかりやすさという観点から，「費用」に分類される管理会計手法から理解を進めるのも一策である。

1 費用削減に目を向けさせる工夫

先述のとおり，人間の本性から利益増大に比べ費用削減には目が向きにくい。しかも，費用削減に当たっては，作業標準化のような科学的管理法を活用することが多い。このため，科学的管理法への強烈な反発も伴いやすい。そこで，費用削減に自然と目を向けさせるような工夫が必要となる。

行政には必ず，公共的な目的が存在する。そして，そのような目的は必ず，行政組織における何らかの価値観を伴う。特定の目的のためには強化すべき特定の機能があり，そこには何らかの価値観があるのである。そして，当該機能の強化を図るためには，それとは関係の薄い部分の費用を削減して，その強化に必要となる資源を捻出することが必要になる。費用削減であっても，これであれば職員は関心をもつ。換言すれば，行政組織の価値観から組織戦略の大枠が導かれ，これらの実現のために必要な費用削減ということであれば，職員は自然と目が向くようになる。すなわち，費用削減に目を向けさせるためには，組織の価値観に裏づけられた組織戦略と関係づけることが最も効果的なのである[3]。

3） 後述の無駄と併せれば，逆説的ではあるが，無駄削減（費用削減）のためには，これまで以上に重視すべき業務を強調することが求められる。この点は大西（2010a, pp.135-136）でも言及している。

2 無駄についての考察

　費用の削減のためには，無駄の削減が重要である。一見，無駄はないようにみえる場合は多い。そう思いたい気持ちもよくわかる。しかし，視点を変えたり，方法論を変えたりすれば，無駄はみつかるのである。費用管理に注力してきた管理会計論には，この無駄をみつけ出す方法論に蓄積がある。これを活用しない手はない。

　それでは，無駄とは何か。井堀（2008）は無駄を3つに分け，①絶対的な無駄，②相対的な無駄，③結果としての無駄があるとする。①絶対的な無駄には，公共サービスを劣化させないで削減できる歳出と，歳出それ自体の便益がマイナスの歳出である。②相対的な無駄は，便益よりも費用の方が大きい歳出である。③結果としての無駄は，災害予防等のように，事前には必要と考えられていたが，事後的には（災害が起こらなかったために）必要がなくなった歳出である。そして，②相対的な無駄か否かについては，便益と費用とを比較した議論が必要であるとする。

　以上のうち，行政管理会計の文脈で削減すべき無駄は，①絶対的な無駄に加え，②相対的な無駄のうち費用に比べ便益が明らかに小さい一部の無駄ということになろう。これらの無駄の削減に向けた方法論が必要となる[4]。しかも，これらの無駄に対する批判は，相対的な無駄を見直すために必要となる冷静な議論を吹き飛ばしてしまうほどの震度がある。だからこそ，行政の側が，行政管理会計のような方法論に従って無駄を削減するべく努力していると示し続けることが重要となる。

4）たとえば，無駄を無駄のまま外部委託しても無駄であることに変わりはない。下手をすると，無駄を固定化してしまうことになりかねない。

3 業務の標準化とプロセス分析

　費用管理に重点がある管理会計手法における最も重要なものの1つに，業務の標準化とそれを基礎に組み立てられたプロセス分析がある。藤本（2001, pp.23-27）は，ボトルネック改善を強調するTPS（トヨタ生産方式）やTOC（制約条件の理論）の基礎にプロセス分析があるとするとともに，BPR（ビジネスプロセス・リエンジニアリング）なども，「まずプロセスを理解し，分析し，その流れをスムーズにするよう改善・変革を行う」という生産システム分析における定石と基本論理を共有していると指摘する。このように，業務の標準化とプロセス分析が多くの手法の基礎にあることは注目されてよい[5]。

（1）業務の標準化

　テイラーの科学的管理法には，作業標準とそれに基づく作業の標準時間の設定という標準設定の思想がある。この標準設定の思想に基づいて，業務[6]の標準化が存在する。この業務の標準化は，業務処理や事務処理の手順，あるいはマニュアルと理解すればわかりやすい。そして，このような標準化は，作業や作業の標準時間だけではなく，材料消費量に対しても設定され活用されてきた。

　標準の設定によって，無駄が削減されるという効果が得られると同時に，品質が一定となる効果も得られる。一般的に，費用の削減は品質の低下を招くという理解がみられるが，標準の設定を通じて，費用の削減（効率化）と品質の向上とを両立することができるのである。

　そして，業務標準の設定ののち，当該標準に基づいて実行され，想定結果

5）この点を見失うと，方法論のさまざまな流行に振り回されることとなりかねない。
6）ここでは，一般的な意味では作業，行政を念頭にした場合は業務とする。

と実際の結果との差異が分析され，是正措置がとられるという流れとなる。業務の標準をPlanとみた場合，科学的管理法にはPDCAが内包されている。ここで急いで補足すべき点がある。科学的管理法のように合理性を追求する考え方には人間は反発を感じる。したがって，合理性の強調に際しては，価値観などの規範性の強調も必要となる。理と情，両者のバランスが重要である。

（2）プロセス分析（工程分析）

業務の標準化を基礎に，プロセス分析（工程分析）が存在する。藤本（2001, p.16）によれば，生産のプロセスは工程ともよばれ，「製造企業の組織の中で，インプットを取り込み，それを組織にとってより価値の高いアウトプットに変換する部分」であるとする。この生産プロセスのモノの側面に着目して作成されるフローチャートを，「工程流れ図（工程フローダイアグラム）」という。図示すれば，**図表Ⅰ-3-1**のとおりである。

プロセス分析では，業務改善のために時間配分の分析・評価が重要であり，標準時間を分解し，価値を生み出していない時間，無駄な時間，省略可能な時間を洗い出すことが基本になる。このプロセス分析は計数的に把握されるものが多く，管理会計とは非常に高い親和性をもつ。プロセス分析のうえに多くの管理会計手法が展開されるといっても過言ではない。

図表Ⅰ-3-1　工程流れ図の例（高級ウイスキーボトル）

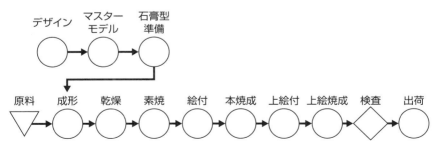

（注）工程流れ図では，加工は大きな○，運搬は小さな○，停滞（在庫・手待ち等）は▽，検査は◇で表すことが多い。
出所：藤本（2001, p.17）より著者修正。

4 標準原価計算

　標準原価管理とは，達成目標として原価の標準を設定し，それに向けて原価の発生をコントロールするものである。そして，業務の標準から標準作業時間が設定され，そこから標準直接労務費が算出される。また，1製品当たりの標準材料消費量から標準直接材料費が算出される。これらに間接費を配賦して，標準原価計算が行われることとなる。櫻井（2015, p.286）に従い，これをPDCAで示せば，標準原価の設定⇒実際原価の算定⇒原価差異の原因分析（差異分析）⇒経営活動の是正という流れになる。

　標準の設定に際しては，習熟効果，経験効果を組み込むことが多い。習熟効果とは作業繰返しによる能率向上を通じた原価低減をいい，生産に必要な作業時間が，生産活動の繰返しに従ってほぼ定率で減少するとの経験則から導かれた効果のことである。たとえば，航空機生産における習熟率は80％といわれ，1機目は100時間だったものが，2機目には80時間となり，3機目には64時間となることなどが挙げられる。

　また，経験効果とは技術進歩等による同系列製品での原価低減をいい，継続的な生産において，革新的技術，新材料使用，新生産方法開発等により，製品系列別の総原価が減少していく事実を示すものである。習熟効果のような一般的な経験則は導かれてはいない。

　原価管理には，原価維持，原価改善，原価企画の3類型があるが，標準原価計算は，このうち原価維持であるとされる。しかし，後述のTPSのように，量産段階で標準原価を原価低減の方向で目標値を厳しく設定する場合には原価改善となる。標準原価計算は，生産条件がほぼ変わらない企業，大量生産を行う企業，労働集約的な企業に適合するとされる。

5 TQC(全社的品質管理)

　TQC（Total Quality Control：全社的品質管理）は，日本的な形での改善を指向したシステムである（藤本，2001，p.284）。TQCは，①全階層の社員および全部門の参加を指向する全社的活動であり，②品質の管理のみならず，原価管理（利益管理，価格管理），量管理（生産量，販売量，在庫量），納期管理を含めて総合的に行われる（石川 1984，pp.128-129）。4で示した原価管理の3類型でいえば，原価改善の例とされる。

（1）TQCの特徴

　わが国のTQCの特徴について藤本（2001，p.284）は以下のとおりとする。①品質管理・改善のための小集団活動であるQCサークル活動，②トップダウン的な目標・施策の展開である方針管理，③QC七つ道具などの定型的な統計的手法，④QCストーリーなどの問題解決手順，⑤教育・訓練の重視，⑥日本科学技術連盟などの企業横断的なTQC普及組織とその活動，⑦デミング賞を頂点とする全国レベルから社内レベルまでの表彰制度などである。そして，いずれもが全員参加・改善指向というTQCの基本に深く結びついた仕かけである。

（2）QCサークル活動

　小集団活動たるQCサークル活動はTQCの一部をなす。石川（1989，p.89）は，QCサークル活動がTQCに占める比率は第3次産業では1/3くらいであろうと指摘する。QCサークル活動は，業務標準[7]を軸に展開される。業務標準の改定を伴う改善により，もとの状態に戻ってしまう手戻りが防止できる。

7）工程管理ともいうが，ここでは業務標準で統一する。

一方，病院における事例では，QCサークル活動は，じきに種が枯れてしまうという問題も指摘されている。そこで，QCサークル活動では，思考方法に工夫を凝らして簡略化・パターン化し，それを全員に徹底することが試みられている。全員参加の観点からは，思考方法の簡略化・パターン化が重要なのである。以下では，その例として，QCストーリーとQC七つ道具について言及する。

QCストーリーは標準的な問題解決手順のことである。具体的には，①テーマ選定，②テーマ選択の理由の説明，③目標（あるべき姿）の把握，④現状把握，⑤要因分析，⑥対策（解決策）の提案，⑦効果確認，⑧歯止め（成果維持と問題の再発防止），⑨残された課題と今後の進め方のレビューという手順となる。

また，QC七つ道具[8]とは以下のとおりである。①特性を作り出す要因を体系的に整理した特性要因図（魚の骨），②現場でのデータ収集等に便利なチェックシート，③影響因子を分けてみる層別，④バラツキを柱状図でみるヒストグラム，⑤要因ごとの影響度について累積率を使い，わかりやすく示すパレート図，⑥相関などをみる散布図，⑦バラツキを時間軸で折線グラフ化した管理図である。

このようなQCサークル活動は，行政で広く行われている事務改善活動にとって非常に参考になる。事務改善活動において業務標準の改定を意識することは，当該活動が，たとえば「みんなでがんばろう！」といった単なる運動論・精神論に陥りがちな悪弊を回避することができ，もとの木阿弥になりがちな手戻りを防止する効果も有する。また，改善の種枯れの防止に向けたQCストーリーやQC七つ道具などの工夫は，行政に合わせる必要はあるものの，参考になる。なお，行政の場合，事務改善活動においても，組織の価値観に裏づけられた組織戦略の職員への徹底が強力な推進力になり得ることは

---

[8] TQCを推進してきた日本科学技術連盟（日科技連）は1996年にTQCをTQM（Total Quality Management）に呼称変更した。TQMでは経営トップのより直接的な関与や戦略ビジョンとの連動を強調されており，そこでは新QC七つ道具が提唱されている。

ここで付言しておきたい。

6 原価企画とVE（価値工学）

　原価は，企画・計画段階で70〜80％，設計・試作段階で15〜28％，量産段階で2〜5％が決まるとの研究がある。そこで，わが国の製造業では，製品の企画・設計段階で原価と品質を作り込み始めた。これが原価企画であり，わが国発の管理会計手法である。先述の原価管理の3類型でいう原価企画である。

　原価企画の背景には，産業発展の過程で生産現場では直接工が減少し，これにより加工組立型産業における標準原価計算の重要性が低下することとなった。その結果，より上流（企画・設計）段階での原価低減が重要になってきたことが挙げられる。

　原価企画は，多品種少量生産に適合するといわれている。行政では中部国際空港が有名である。公共事業における企画・設計段階など，原価企画やVE（価値工学）の思考方法を活用できる分野は非常に大きい。

（1）原価企画

　伝統的な価格決定は，「実際原価＋利益＝販売価格」という定め方をする。これに対して，原価企画は，市場の状況から予定販売価格を定め，そこから目標利益を控除し許容原価を導く。「予定販売価格−目標利益＝許容原価」という定め方である。そして，現行技術レベルでの成り行き原価（見積原価）に改善目標を加え，上記の許容原価とすり合わせて，レベルの高い目標原価を定め，VE（価値工学）等を活用しつつ何度も見直しをすり合わせ，原価を低減させていく。このように，原価企画は，目標原価に向け上流（企画・設計）段階で原価を作り込むものである。

　原価企画には2つのタイプがある（田中 2002, pp.7-8）。まず，狭義の原価企画は，開発戦略と関係づけられたもので，戦略的に目標原価を設定し，

それを達成させる管理活動をいう。これに対し，広義の原価企画は，中長期利益計画と関係づけられたもので，製品群等のライフサイクルにわたる利益の企画管理をする活動をいい，戦略的な製品群別の利益管理として展開される。

（2）VE(価値工学)

原価企画の実際のプロセスではVE（Value Engineering：価値工学）が活用される。VEは，果たすべき機能とそのためのコストとの関係で価値を把握し，組織横断的なチームにより機能分析を体系的・組織的に行うなどのシステム化された手順により価値の向上を図る手法である。これを式で示せば，「V（価値）＝F（機能）／C（コスト）」となる。

このようなVEはいくつかの段階に分けられる。まず，商品企画段階のVEである「0 Look VE」である。何を作るかを決めるプロセスで，マーケティングVEともいわれる。次に，商品化段階のVEである「1st Look VE」である。開発段階と設計段階で行われるVEであり，どのように作るかを決めるプロセスである。最後に，製造段階のVEである「2nd Look VE」がある。製造開始後の初期の段階でのVEをいう。

7 TPS(トヨタ生産方式)

TPS（Toyota Production System：トヨタ生産方式）は，トヨタ自動車の黎明期に，資源や資本の制約という環境条件の下，大野耐一らによって編み出された生産管理手法である。「怪我の功名」で生まれたともいわれる。TPSがわが国発かどうかは議論がある。大野耐一は，フォードシステムを編み出したフォードI世が今も生きていれば，TPSと同じことをやったに違いないと述べている（大野 1978, p.178）。

（1）TPSの基本

　TPSの究極の目的は，コスト低減による利益確保である。そこでは，作り過ぎの無駄を排せばコストは下がるとの考えの下，以下のような流れで取り組んでいる。まず，ヒト，設備，在庫といった過剰な生産能力を第1次的無駄と考え削減する。次に，中間製品等の作り過ぎを仕事の進み過ぎとし第2次的無駄と考え削減する。そして，過剰な在庫を第3次的無駄と考え削減する。最後に，余分な倉庫・品質管理・コンピュータ等を第4次的無駄と考え削減する。

　以上の第1次から第4次的無駄の削減を基本とし，そのための副次的な目標として，①作り過ぎの無駄を回避するための需要変動に適応し得る数量管理，②不良品とそれに起因する検査工程をなくすための後（あと）工程への品質保証，③人的資源活用の観点からの人間性の尊重，を設定する。そして，これらの目標の下に，さまざまな方法論を一体化させている。

（2）TPSの2本柱とさまざまな概念・方法論

　TPSにはさまざまな概念・方法論がある。大野（1978, p.9）によれば，TPSの2本柱はJIT（Just In Time：ジャストインタイム）と自働化である。JITとは，生産の流れを逆の方向からみて，必要なものを必要なときに必要な量だけ作ることである。自働化とは，不具合を監視し，それが生じた場合には流れを止めるといった管理をするメカニズムである。

　これら以外にも有名な方法論もある。たとえば，「かんばん」は，前工程の生産等を後工程が指示するJIT実現の手段である。生産の平準化は，生産量のバラツキをなくし，販売量に合わせて生産することである。多能工は，さまざまな工程を扱えるようにすることである。これらを含め，TPSをまとめれば，**図表Ⅰ-3-2**のとおりとなる[9]。

9） 行政管理会計の文脈でも，（業務の）標準化，（業務の）平準化，（職員の）多能化は広く応用できる概念である。

図表 I-3-2　TPSの全体像

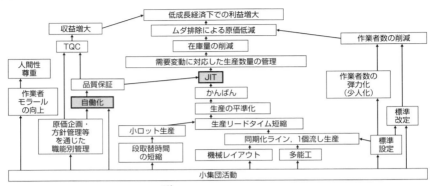

出所：門田（2006, p.9）より著者修正[10]。

　このようにTPSでは，多くの概念・方法論が一体化され整合的にまとめられている。このことは注目されてよい。なぜなら，行政管理会計においても，行政組織の状況はそれぞれであり，これに合わせて，さまざまな概念や方法論を複数みつけ出し，それぞれの状況に適合させるべく，一体化し整合的にまとめていくことが望まれるからである。

8　リーンマネジメント

　リーンマネジメントは，1980年代に米国でのわが国自動車産業の研究を通じて，TPSが米国流に理論化されたものである。1990年，ウォーマックらにより一応の完成をみた。それ以降，欧米諸国ではリーンマネジメントの理論・実践が普及しつつあり，世界的に流行している。当初は大量生産型工場からスタートしたが，1992年頃からは生産管理一般に，1996年頃にはサービス産業に展開され，2000年頃には医療に展開された（大西　2010a, pp.147-148,

---

[10] 同期化ラインとは同期化により前後の工程の待ち時間をなくすことをいう。1個流し生産とは各工程の作業が同時に開始され同時に終了する（これで工程間の在庫がなくなる）ことをいう。リードタイムとは生産指示から完成・入荷までの時間をいう。

pp.217-250)。

　リーンマネジメントは，プロセスに焦点を当て，プロセス分析を基礎とし，顧客にとっての価値とそれを創っていく一連の活動，換言すれば業務の流れに着目する。そこでは，TPSで用いられるさまざまな手法を活用している。

　その基本的な方法論と思考は，以下のとおりである（Womack and Jones 1996）。基本的な方法論は，まず活動を以下の3つに分類する。①顧客価値を実際に創造している活動，②顧客価値はないが，現状では必要な活動，③顧客価値がなく，排除可能な活動である。そのうえで，無駄として，まず③，次に②の順で排除し，①のみに絞っていくものである。

　そのための思考は5原則にまとめられている。①製品価値の正確な定義づけ，②製品価値をもたらす一連の活動の構築，③当該活動のよどみのない流れの構築，④顧客（川下）側の要求による生産，⑤完全性のかぎりなき追求である。

　著者がデンマークに駐在していた2003年から2006年，当地の医療機関ではリーンマネジメントが流行していた。当時の関係者（複数）によれば，リーンは改善のもととなる業務プロセスを作り出すものであり，BPR（ビジネスプロセス・リエンジニアリング）を現場レベルで展開する場合にはリーンが必須となる。また，ABC（活動基準原価計算）等やBSC（バランスト・スコアカード）とも相互に関係しており，リーンを先行させつつ併せて実施するのが効果的であるとの指摘があった（大西 2010a, pp.231-232）。

9　TOC（制約条件の理論）

　TOC（Theory of Constrains：制約条件の理論）は，1980年代に物理学者のゴールドラットによって構築された経営哲学・システム論である。TOCは企業をシステムと考え，スループットに着目する独自の会計や改善の5ステップ等，いくつかの考え方からなる。

（1）スループット会計

　TOCにおける会計の核がスループット会計である。ゴールドラットは，全部原価計算では在庫増が利益向上に結びつく[11]こと等から，原価計算や会計を生産性向上の阻害要因と考え，スループットなど独自の用語を用いて会計を説明した。しかし，このようにしてできたスループット会計は，直接原価計算の焼き直しである旨の指摘もある（櫻井 2015, p.277）。

　スループット会計の基本は，「スループット＝売上高－直接材料費」とし，「利益＝スループット－業務費用」と考える。そのため，利益の増加を図るためには，売上高の増か直接材料費の減によるスループットの増加，ないしは，業務費用の削減が必要となる。その結果，これは「売上高－変動費＝限界利益」で考える直接原価計算に著しく類似することとなる。

（2）ボトルネックへの着目と改善の５ステップ等

　TOCでは，システムには少なくとも１つのボトルネック（制約条件：最も弱いところ）が存在すると考える。ボトルネックが全体の能力を決定することから，システム強化のためにボトルネックに着目する。その結果，TOCは一点突破型の革新手法であるといわれる（日経ものづくり編 2006, pp.50-51）。

　ボトルネックに着目し，これをシステム全体の強化につなげる方法として，TOCでは「改善の５ステップ」という方法論をとる。すなわち，①ボトルネック（制約条件）をみつける，②ボトルネックを徹底的に活用する，③ボトルネック以外をボトルネックに従属させる，④ボトルネック自体の能力向上を図る，⑤その結果，他の部分にボトルネックが生じてくるので，それを探し，同じ方策をとる。行政では業務の負荷が高まると追加的な資源の投入を求める傾向があるので，「改善の５ステップ」はこのような場合に有用な

11）固定費が棚卸資産にも含まれているために生じる。

方法論である[12]。

10 ABC（活動基準原価計算）／ABM（活動基準管理）等

　産業の大量生産型から多品種小量生産型への移行を背景に，1987年頃，キャプランらによって，間接費をより正確に配賦（配分）できるABC（Activity-Based Costing：活動基準原価計算）が編み出された。そして，正確な原価計算を行うABCから，1991年頃には，プロセス効率化による原価管理を行うABM（Activity-Based Management：活動基準管理）と，予算管理を行うABB（Activity-Based Budgeting：活動基準予算）が編み出された。そして，2004年には意思決定のためにより簡便にコストを計算できるTDABC（Time-Driven Activity-Based Costing：時間適用ABC）が編み出された。ここでは，まず，ABC／ABM等の基礎となる活動をイメージするため，活動を含む業務の階層を確認したうえで，経緯の順に各手法を概観する。

（1）業務の階層

　櫻井（2015, pp.371-373）は，業務には大小の階層があり，機能（例：マーケティングと販売）＞プロセス（例：製品の販売）＞活動（例：販売の予測）＞タスク（例：提案書の作成）に分けられると指摘する。ただ，ドイツでは，活動を対象とするABCがプロセスを対象とするプロセス原価計算となった（櫻井 2015, p.372）ように，これらの違いは相対的なものと考えられる。

　業務の階層とコストマネジメント手法には対応関係もある。プロセスであればBPR（ビジネスプロセス・リエンジニアリング），活動であればABC／ABM等，タスクであれば標準原価計算につながると指摘されている（櫻井 2015, p.373）。

---

[12] この他，TOCには思考のプロセスやプロジェクトマネジメントに関する議論もある（日経ものづくり編 2006, pp.59-77）。また，コンサルタントの積極的な貢献も見られ，このような議論も行政に役立つ（岸良 2007）。

（2）ABC（活動基準原価計算）

　製造部門の間接費である製造間接費を製品に配賦（配分）するに当たっては，従来は製品の製造にかかった職工の直接作業時間等の操業度関連の基準で配賦していた。しかし，これでは数量を多く製造する製品に製造間接費がより多く配賦され，小量しか生産しない製品にはより少なく配賦されてしまう問題があった。そこで，ABCでは，より正確に製造間接費を配賦し，精緻な原価計算を行う観点から，「製品が活動を消費し，活動が資源を消費する」という考え方をとった。この考え方の下，人件費や物件費などの個々の資源消費量を（作業時間等により）それぞれの活動に配賦し，集計されたそれぞれの活動から，品質検査であれば検査項目といった当該活動に適した基準により個々の製品に配賦することとした。

　ABCは赤字製品の切り捨て等のリストラに有効な手法として米国企業に活発に導入された。その一方，ABCには，計算が複雑であり，手間（時間）とコストがかかるという批判がなされていた。そのようななかで，ABCには従業員の活動を分析する過程があり，この過程が資源の使い方の無駄に気づかせてくれると認識されたことから，ABMが編み出されてきた（櫻井2015, p.354）。

（3）ABM（活動基準管理）

　ABMは，原価を計算するための手法ではなく，活動の管理を通じてプロセスを効率化し，それにより原価を低減させていく手法である。ABMは3つの分析からなる。まず，①記録やインタビューに基づき，付加価値活動と非付加価値活動を識別し，後者を削減していく「活動分析」，次に，②資源と活動，活動と製品等の間に適切な因果関係があるかどうかを分析し，無駄の原因を排除する「原価作用因分析」[13]，さらに，③非付加価値活動の削減，付加価値活動の効率化等の測定を行う「業績分析」の3つである。

---

13) 作用因（driver）は因果要因のことであり，原価作用因は「原価を発生させる要因」という意味である。

図表Ⅰ-3-3　ABCとABMとの関係

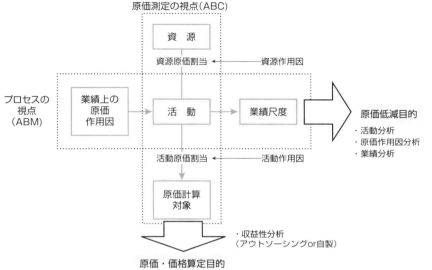

出所：樫谷ほか（2016, p.28, 図表1-2）より著者修正。

　ABCとABMとの関係について，1991年以来よく使われている構図で示せば，**図表Ⅰ-3-3**のとおりである。ABCからABMへの転換を境に，わが国でのABMへの関心が一気に高まっていったと指摘されている（櫻井 2015, p.355）。

　ABCは間接費の配賦の正確性を追求している。一方，ABMでは改善活動を強調している。このため，ABMでは，直接費に該当する従業員の稼働時間を対象とした業務の改善も対象となる[14]。この点に関して，樫谷ほか（2016, pp.27-28）は，ABCから発展してきたというABMの経緯から，ABMとして実施する場合には，間接費の正確な配賦を行うABCに引きずられてしまい，業務改善の視点が弱くなると指摘する。このため，樫谷ほか（2016）では事務量マネジメントという分類を設けている。詳細は後述する（第6章）。

---

14) 大西（2010a, p.141）ではこの点を強調している。

（4）ABB（活動基準予算）

　ABBは，費目別ではなく活動別に予算編成を行うものである。具体的には，①目標利益の付与，②目標売上高の決定，③販売・生産計画の立案，④それぞれの活動量の推定，⑤当該活動のための費用予測，⑥費用予算の編成という流れでブレイクダウンしていく。

　ABBのメリットは以下のとおりとされる。すなわち，①重複活動や無駄な活動を排除できる，②部門間の目標整合性が向上する，③経営戦略を個々の活動に具体化することが容易になる，④使われていない資源量（未利用のキャパシティ）を明確化できる，である（櫻井 2015, pp.361-370）。

　ABBにもデメリットが指摘されている。ABBの適用により効率化のみの追求となり，従業員のモラールの低下等を招く可能性があることや，ABBの実施には手間とコストがかかることが挙げられている（櫻井 2015, pp.366-367）。また，活動ごとの責任者等，責任者の錯綜による混乱等も容易に予想される。

（5）TDABC（時間適用ABC）

　ABCのデメリットは手間（時間）とコストがかさむことにある。そこで，製品やサービス等の原価計算対象に費やした活動ごとに，従業員が消費した時間（所要単位時間）に着目するTDABC（時間適用ABC）が編み出されてきた。TDABCでは，１分当たりの原価に，活動ごとの所要単位時間と活動量（件数）をかけて原価を算出する。所要単位時間は，過去の実績から算出される理論値で考えられており，詳細な調査は必要とされない。また，理論値であるため，使われていない時間等の資源量（未活用のキャパシティ）をみつけることも容易である。したがって，TDABCは将来に向けたさまざまな試算に活用可能とされる（櫻井 2015, pp.374-379）。

　TDABCは，銀行の窓口業務のように，比較的定型的で，かつ，細かい業務の多い組織では適用可能であると思われる。その一方で，経営管理者や従業員・職員の直感的な理解が困難であり，かつ，所要単位時間に主観的な見

積もりを多用していることから生じる信頼性の低下というデメリットも指摘されている。

TDABCはさまざまな意思決定には参考になる。選択肢等のコストをとりあえず示せることから，職場のコスト意識の改善にも活用可能であるとの指摘もある。

11 LCC（ライフサイクルコスティング）

LCC（ライフサイクルコスティング）とは，研究開発から処分に至るまで，資産のライフサイクル全体で発生するコストを測定し，伝達するための計算のツールである。具体的には，製造業者の研究・開発，企画・設計，製造，販売，物流，および，ユーザーの運用，保守，処分の総費用をいう。製造業者はユーザー側に生じる問題を失念しやすい傾向があるので，LCCは製造業者への注意喚起として機能している。競争のグローバル化や製品のハイテク化のなかで，LCCは製造業者からも注目されつつある（櫻井 2015, pp.392-395）。

行政でも，この10年，防衛装備品の調達においてLCCが注目されている。また，昨今では，インフラ資産の老朽化問題等への対応の観点から，LCCに関心が集まっている。

12 関連する考え方

以下では，管理会計論ではないが，関連する考え方をいくつか概観する。その理由は，管理会計論は雑食性が非常に強い学問であり，使えるものは何でも使う傾向がある（大西 2010a, pp.41-43）。それゆえ，隣接分野への目配りも求められるからである。換言すれば，管理会計は会計から考えるだけでは十分でないということでもある。この点に関連してキャプランは，「会計担当者は，管理会計システムを設計することに独占的な特権をもつべきでは

ない……新たな管理会計システムを設計するとき，エンジニアや現場技術者の意欲的な関わり合いは必須なのである」と指摘している（Johnson and Kaplan 1987, p.262）。

（1）サービス工学

サービス工学とは，サービス生産性の継続的な向上のための科学的・工学的アプローチをいう（内藤 2010）。現在，サービス産業生産性協議会を中心に，全国的な生産性向上運動に広がりつつある。

サービス工学の基本的な考え方は，サービス現場での需要者と提供者の行動等を観測し，これを分析して，客観的根拠に基づいてモデルを設計し，現場に再び適用することにある。この観測，分析，設計，適用のループを実際のサービス現場が繰り返すことが重要であるとされる。

この基本的な考え方を実施するため，大小2つのサイクルで考える方法論がある。まず，小さなサイクルとしての「顧客適応」である。①接客や会話，気づき，アンケート等による「現場の理解」，②スタッフ提案やムリ・ムダ・ムラの排除等による「業務の改善」，③多能工化，会議やIT等による「連携と協力」の①→②→③のサイクルを通じ，顧客の要望に合わせ作業方法を改善していく。

次に，大きなサイクルとしての「仕組み化」である。上記①の「現場の理解」をふまえ，④理念明確化や新コンセプトによる「価値の再評価」，⑤手順化や作業平準化，施設レイアウト等による「プロセスの組み換え」を経て，上記③の「連携と協力」につなげる①→④→⑤→③のサイクルを通じ，経営理念として具体化するとともに，顧客満足が継続的に得られる仕組みにする。

（2）シックスシグマ

シックスシグマは，QCサークル運動を参考に，米国モトローラ社が1987年に開発した品質管理手法である。当初，欠陥品の発生確率を$6\sigma = 100$万分の3.4としたことから命名された。その後，企業価値を高めるマネジメン

トツールとして発展してきた。

　シックスシグマでは，目標とする経営品質に対し，決定的な影響を与える要因に着目し，その改善を重視すべき課題（CTQ：Critical to Quality）とする。そして，その課題にかかわる業務プロセスを見直し，アウトプットのバラツキを低減させつつ，経営品質の向上を図る（日経ものづくり編 2006, pp.79-122）。

　シックスシグマの基本はCTQをDMAICサイクルで改善していくことにある。DMAICサイクルは，（Define, Measure, Analyze, Improve, Control）の5つのフェーズからなる。①顧客の声と会社の利益からCTQを定義する「定義」（Define），②CTQにかかわるプロセスのパフォーマンスの測定指標を定義し，現状測定と目標設定を行う「測定」（Measure），③プロセスの指標のバラツキに関与している要因を整理し，各要因の影響の強さを分析する「分析」（Analyze），④指標と影響の強い要因の関係を求め，関係式から要因の最適条件をシミュレーションする「実行」（Improve），⑤恒久的に要因をコントロールし，指標を最適化するシステムを構築する「標準化」（Control）である。シックスシグマは，このようにTOCのボトルネックへの着目と改善の5ステップと発想が同じである。これらは，改善点の選択と集中のための方法論と考えれば，理解しやすい。

（3）暗黙知／形式知（知識スパイラル）

　新しい知識は常に個人から生成される。そして，個人の知識を第三者でも利用できるようにすることが「知識創造企業」の中心的活動である。そこには，暗黙知と形式知という異なる2つの知識が渦巻き状に創造される知識スパイラルが存在するという議論がある（DIAMONDハーバード・ビジネス・レビュー編集部 2007, pp.1-36）。

　暗黙知とは，主観的な知（個人知），経験知（身体），同時的な知（今ここにある知），アナログ的な知（実務）といった特徴で示される。これに対し，形式知は，客観的な知（組織知），理性知（精神），順序的な知（過去の知），

47

図表 I-3-4 知識スパイラルとその深化

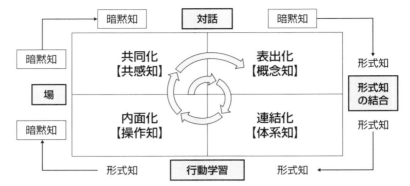

(注) 共同化により，メンタルモデルや技能等の共感知が生み出される。内面化により，プロジェクト管理や生産工程のルーティン化等の，体験により体得される操作知が生み出される。
出所：野中ほか（1996, p.93 図3-2, p.107 図3-4）より著者修正。

デジタル的な知（理論）といった特徴で示される。そして，このような二次元の知識が4つのモードを通じて新たな知識として創造される。これらは①相互作用の場を通じ，言葉を使わずに他人のもつ暗黙知を共有する「共同化」，②対話をきっかけに生じる，暗黙知を明確な概念で表す「表出化」，③概念を組み合わせて1つの知識体系を創り出す「連結化」，④行動による学習を通じ，形式知を暗黙知にしていく「内面化」という4つのモードをスパイラル的に移行する（**図表 I-3-4**）。

この知識スパイラルは，現場の改善活動では極めて重要である。たとえば，QCサークル活動では，現場の暗黙知をいかに表出化してもらうかが肝になる。指示すれば出てくるものではない。ABMでも同じである。知識スパイラルというバタ臭い言葉を使わずに，現場の気づきをいかに引き出すか。これが管理者の腕のみせどころである。

（4）ダブルループ学習

組織学習に関する議論に，シングルループ学習とダブルループ学習という議論がある（DIAMOND ハーバード・ビジネス・レビュー編集部 2007,

pp.85-124)。シングルループ学習は，既存の行動戦略の下，既存の方針を維持し，目的を達成するプロセスのことで，ダブルループ学習は，もたらされる結果を受けて，行動戦略の前提となる変数や現実の世界についての仮説を含めて見直すプロセスのことである。

この議論にはサーモスタットの例がよく使われる。たとえば，冷房温度を28度に設定し，これを自動的に維持するのがシングルループ活動である。対して，当日の湿度等の環境のなかで，28度が本当に望ましいかと自らに問うことができれば，ダブルループ学習となる。

既存の行動戦略の前提を疑い，これを見直すことは，行政でも重要である。とりわけ，現場管理者を含む管理者は，常にこの点を意識することが望ましい。

13 行政における原価計算

原価計算には残念ながら手間とコストがかかる。行政でも，どのような場合に原価計算を行うのか，よく考える必要がある。そこで，最後に，行政における原価計算に言及する。

行政における原価の活用にはさまざまなものがある。ここでは 3 つに分類する。①利益計算のために必要となる原価計算であり，公立病院等の公営企業や独法（独立行政法人）等が該当する。継続的に計算される場合が多い。②意思決定のために必要となる原価計算である。たとえば，市民センター等の使用料決定のための計算である。意思決定のためにアドホックに行う特殊原価調査であることが多い。③プロセスの改善や効率化のために行う原価管理がある。原価計算を伴わない，ABMやTQC等である。行政で必要となる原価管理には③の場合も多いと思われる。

このように，原価の正確な算定をする「原価計算」と費用や原価の低減・削減をする「原価計算」とは異なる。管理会計手法を考える場合には，この両者を峻別する必要がある。原価計算は必須ではないので，必要がない場合

にはそれを行わない割り切りが求められる。そうでないと，「民間企業では」との議論の下，勢力の強い原価計算論に引きずられ，膨大な手間やコストを費消することになりかねないのである。

第**4**章

総合的な管理

　本章では，収益と費用の「総合的な管理」を行う管理会計手法に着目する。これらの手法は，行政のうち，収益と費用を金額で把握できる分野にもっぱら適用される。具体的には，独立行政法人や地方公営企業等の行政の外環部である。ただし，戦略マップ等の一部の手法については行政の内環部等でも適用され得る。

　本章の概要は以下のとおりである。まず，BSC（バランスト・スコアカード）について，戦略マップを含め概観する。その後，MPC（ミニプロフィットセンター）からアメーバ経営とテナント式損益管理に言及した後，BB（脱予算経営）について触れる。そして，設備投資等の意思決定のための諸手法を概観する。

1　BSC（バランスト・スコアカード）

　BSC（Balanced Scorecard：バランスト・スコアカード）とは，戦略の策定と実行のマネジメントシステムである（櫻井 2015, p.619）。戦略と管理会計は密接な関係にある。戦略はこれまでも戦略論においてさまざまな議論がなされてきている。戦略論に対する管理会計からの１つの答えがBSCとされている。

　そこで，まず，戦略論を概観する。沼上（2009）は戦略論を５つの学派に分ける。①アンソフに代表される，合理的な事前の計画としての戦略計画学

派（1950〜60年代半ば），②ミンツバーグに代表される，現場の環境適応能力の積み重ねを戦略とみる創発戦略学派（1970年代），③ポーターに代表される，経済学（産業組織論）の影響を受けたポジショニングビュー（1980年代），④経営資源を重視するリソースベーストビュー（1990年代），⑤ゲーム理論を応用するゲーム論的アプローチ（2000年代）である。そして，沼上（2009, pp.134-136）はBSCについて，①に属するものの，5つの学派の知見を総合していると位置づけている。

（1）業績評価システムとして考案されたBSC

経済が製造業中心から知識重視の経済に移行して久しい。製造業では貸借対照表に計上された機械や設備等の物的資産が価値創造の源泉であった。知識重視の経済では貸借対照表に計上されないインタンジブルズ（intangibles）[1]がより大きな価値創造の源泉となる。このようななかで，BSCは，財務偏重から脱却し，インタンジブルズを含めてマネジメントしていくための戦略的業績評価システムとして，1992年にキャプランらにより考案された。当初のBSCは，財務の視点だけでなく，顧客の視点，内部プロセスの視点，学習と成長の視点からなる評価指標のバランスを保とうとするところにその本質があった（伊藤 2014, p.14）。

なお，第Ⅰ部ではたびたび強調しているが，管理会計は財務情報のみに着目するのではなく，財務情報に影響を与える要因，とりわけ非財務情報についてもその範囲に積極的に取り込んできている。BSCはその典型の1つである。

（2）戦略を記述する戦略マップとの併用

今日，戦略の策定と実行のマネジメントシステムとしてのBSCは，戦略を可視化する戦略マップと，戦略の進捗を測定し管理するスコアカードからな

1）インタンジブルズは「無形の価値創造の源泉」のことである（伊藤 2014, pp.44-47）。

る。既述のように，当初のBSCは，管理するには測定しなければならないとして，業績を評価するスコアカードがまず考案された。その後，測定するには記述しなければならないとして，戦略を記述する戦略マップが考案された（伊藤 2014, p.15）。

　戦略マップ考案の契機になったのは，スコアカードとしてのBSCにより戦略目標に焦点が当たると，BSCを活用している経営幹部の一部が，戦略目標同士を矢印（因果関係）で結びつけ始めたことにある。ここから，戦略目標を因果関係仮説で結びつける戦略マップというブレークスルーが得られた（Kaplan and Norton 2004 ; 訳書 pp. x vii- x viii）。

　それでは，スコアカードと戦略マップからなるBSCについて伊藤（2014, pp.15-18）の引用例により概観する。**図表 I -4-1**の戦略マップは，Southwest Airlines（サウスウエスト航空）の業務管理の卓越という戦略を可視化したものである。同社は，顧客にとってのコストパフォーマンスの追求による利益の増大を目指しており，そのためには，地上での折り返し時間の短縮により機体数を減少させることで生産性を向上させようとしている。そして，折り返し時間を短縮するためには，主に駐機場スタッフの業務改善が求められる。このような戦略目標の因果関係を図示したものが戦略マップである。

　戦略が可視化されたら，次は，戦略が達成されたか否かを測定する必要がある。戦略の達成度を測定する指標がスコアカードの尺度の意味であり，具体的な目標値とともに設定される。目標値にはそれを実現してくれる手段が必要となる。それが戦略的実施項目である。

　BSCでは，戦略マップに記載される戦略目標同士の関係は因果関係仮説で結びつけられており，戦略目標と，尺度・目標値および戦略的実施項目との間は目的-手段関係でつながっている。戦略的実施項目を実施することにより，目標値が実現され，戦略目標が達成され，その結果，戦略が実行されることになる。

図表 I-4-1　BSCの構成要素

戦略マップ		スコアカード		アクション・プラン	
プロセス：業務の卓越 テーマ：地上の折り返し	戦略目標	尺度	目標値	戦略的実施項目	予算
財務の視点 （利益とRONA／収益増大／機体の減少）	■収益性 ■収益増大 ■機体の減少	■市場価値 ■座席の収益 ■機体のリース費用	■年成長率30％ ■年成長率20％ ■年成長率5％		
顧客の視点 （より多くの顧客を誘引し維持／定刻の発着／最低の価格）	■より多くの顧客を誘引し維持する ■定刻の発着 ■最低の価格	■リピート客の数 ■顧客数 ■連邦航空局定刻到着評価 ■顧客のランキング	■70％ ■毎年12％の増加 ■第1位 ■第1位	■CRMシステムの実施 ■クォリティ・マネジメント ■顧客ロイヤルティ・プログラム	$xxx $xxx $xxx
内部プロセスの視点 （地上での迅速な折り返し）	■地上での迅速な折り返し	■地上滞在時間 ■定刻出発	■30分 ■90％	■サイクルタイムの改善プログラム	$xxx
学習と成長の視点 （戦略的な業務駐機場係員／戦略的システム係員の配置／地上係員の方向づけ）	■必要なスキルの開発 ■支援システムの開発 ■地上係員の戦略への方向づけ	■戦略的業務のレディネス ■情報システムの利用可能性 ■戦略意識 ■地上係員の持株者数の割合	■1年目70％ 　2年目90％ 　3年目100％ ■100％ ■100％ ■100％	■地上係員の訓練 ■係員配置システムの始動 ■コミュニケーション・プログラム ■従業員持株制度	$xxx $xxx $xxx $xxx
				予算総額	$xxx

出所：伊藤（2014, p.16, 図表1-1）より著者修正。

（3）戦略と業務の連結

　戦略は行政でも日常的に使われている。しかし，行政において戦略は多くの場合，神棚にある[2]。戦略と業務をいかに連結させるのか，そこに論点がある。

　戦略の実行のためには，戦略を現場の業務に落とし込む（カスケードする）必要がある。業務とは現場での日常的な活動のことであり，現場の業務計画

2）日々の業務と関係づけられていないという意味である。その結果，PDCAサイクルではなく，PDFサイクル（Plan-Do-Forget）となる。なお，PDFに対しては，Doすら存在しないという有力な批判もある。

には，定型業務と，戦略が落とし込まれた戦略的業務とが混在していることになる（伊藤 2014, pp.160-163）。

戦略を現場の業務に落とし込むためには，方針管理や目標管理との連動が指摘されている。伊藤（2007）は，BSCで定められた戦略目標の一部を，方針管理により下位組織に展開し，最後に個人ごとの目標管理に展開される図を描いている。この他にも，たとえば，戦略目標の下に，当該戦略を成功させるために達成されなければならない要因をCSF（critical success factor：主要成功要因）として定め，その下に将来の成果に影響を与えるパフォーマンスドライバーを設定し，さらにその指標としてKPI（key performance indicator：重要業績指標）がもたれ，その実現に必要な実施項目が設定されるという例も指摘されている（櫻井 2015, pp.619-621）。

戦略の策定と実行，その業務への落とし込みについて，伊藤（2014, pp.38-40）は，Kaplan and Norton（2008）を参考に以下のようにまとめている。まず，ミッションやビジョンから始まる戦略を構築し，戦略マップやスコアカードを用いて戦略を企画（具現化）し，戦略マップ等により従業員の方向づけ（アラインメント）を行い，業務の計画により現場の業務改善等に落とし込み，実施する。そのうえで，結果のモニタリングとそこからの学習を行い，戦略の検証と修正を行うという循環型のマネジメントシステムが構築できるとする。

（4）BSCの行政内環部への拡張

BSCは，組織全体を巻き込んで実施することが可能な，よく考えられたシステムである。戦略の落とし込み（カスケード）や従業員の方向づけ（アラインメント）に大きな労力を必要とする[3]ことから，比較的安定的な戦略を有する組織の場合には特に有効となる。

大西（2010a, p.145）で指摘したとおり，BSCには柔軟な側面がある。財

3）アラインメントが効き過ぎるというデメリットも指摘されている。

務の視点，顧客の視点，内部ビジネスプロセスの視点，学習と成長の視点という4つの視点も絶対的なものではなく，適宜修正され活用されている。BSCのなかでも，とりわけ戦略マップは，数ある戦略目標を，時間の流れのなかで因果関係仮説に基づいて示すことが可能である。

収益，費用，利益が認識できる独立行政法人や地方公営企業といった行政の外環部では，財務の視点のあるBSCを活用することはイメージしやすい。一方，行政の執行機関といった収益や利益が認識できない行政の内環部では，財務の視点のあるBSCは活用しにくい場合も多い。しかし，そうではあっても，戦略目標間を因果関係仮説で結びつける戦略マップであればさまざまな形で活用できると思われる。この点は第5章で後述する。

2 MPC（ミニプロフィットセンター）

MPC（micro-profit center：ミニプロフィットセンター）とは，小集団活動をベースに，損益という業績評価活動を通じて，組織学習活動の効果を向上させることを目的とした経営組織単位のことである。人間はコストを引き下げろと命じられるよりも，利益を上げるべく工夫せよと命じられる方が動機づけられる。MPCは，従来は原価に責任をもつ原価センターを，疑似的な利益と関係づけることにより疑似利益センターに変換する（櫻井 2015, pp.729-730）。

MPCとしてアメーバ経営とテナント式損益管理が挙げられることが多い。両者はともにわが国の現場から編み出された管理会計手法である。アメーバ経営は京セラから，テナント式損益管理は国立大学法人佐賀大学医学部附属病院から誕生している。

（1）アメーバ経営

アメーバ経営とは，製造ラインの一工程といった機能ごとに，時間当たり採算という小集団部門別採算制度を活用して，全体最適をねらってすべての

組織構成員が経営に参加する市場志向のプロセスであるとされている。アメーバ経営は，京セラから始まり，KDDIへの導入，JAL再建における活用に加え，最近では，病院やホテル，学校などへの導入も進んでいる（アメーバ経営学術研究会編 2017）。

アメーバ経営では，小集団たるアメーバ同士の間での取引を記録する。具体的には，社内の他アメーバや社外への売上高から，人件費を含めない形での経費を差し引き，当該アメーバの総労働時間で除して，時間当たり採算を算出する。各従業員の人件費は考慮に入れないことから，各アメーバを総労働時間の削減に誘導する効果を有する。また，アメーバ経営の導入企業では，そのいずれにおいてもフィロソフィーや経営理念が強調されていることも注目される。

（2）テナント式損益管理

佐賀大学医学部附属病院が従来試みてきた経営管理方式では，経営層による分析と改善指示に現場が依存していた。その結果，現場はただ単に指揮に従うだけの存在であった。そこで，各診療科や検査部などの病院内の各部門に独立性の高いテナント式損益管理を行わせることにより，組織が目指すべきと経営層が考える方向に職員を方向づけつつ，職員に自律的に経営管理努力をしてもらうことを考えた（樫谷ほか 2016, pp.190-197）。

テナント式損益管理の基本構造は，全部門（小集団）が収益と費用を計上する責任センターであり，それが一対一の直接的な取引を行う。固定費部分は保有病床数を基本に配賦され，変動費部分は診療報酬点数を基本に相対で取引ないし配分される。そして，売上高から変動費を控除した貢献利益により，固定費を回収する計算方式をとる。その結果，1稼働病床の1日当たり費用と収益が，職員が意識すべき重要な指標となり，各診療科に病床稼働率を向上させるような動機づけが働くことになる。

テナント式損益管理は，部門別の詳細な経営状況の分析のためよりも，戦略上の重要事項に現場職員の注意を向けさせる仕組みとして構築されている。正確性よりも，職員への影響機能に焦点を当てた管理会計手法なのである。

3 BB（脱予算経営）

　予算管理にはこれまでも多くの批判が指摘されている。そこで，BB（Be-yond Budgeting：脱予算経営）が編み出された（Hope and Fraser 2003）。しかし，そのBBにも多くの批判が指摘されている。以下で概略を述べる。

（1）予算管理の逆機能

　予算管理にはこれまでもさまざまな逆機能があると指摘されてきた。たとえば，予算管理の費用対効果は低く，莫大な時間と費用がかかる。しかも，予算編成過程が非効率的であるとの批判である。

　また，環境変化にも適合しておらず，顧客の嗜好の変化等への迅速な対応が困難である。予算自体が企業の戦略と目標から乖離しやすい。財務指標を過度に重視する傾向もあるという批判もある。

　さらに，目標水準の設定における予算ゲームが過熱化しやすい。収益の過小見積もりや費用の過大見積もりなどの予算スラックを招く傾向があり，目標未達に備え将来性があるとの言い訳や予算が過小であったとの言い訳を誘発しやすいという批判もある。

（2）BBの基本的な考え方と具体的な方法

　以上のような予算管理への批判を受けてBBが編み出された（Hope and Fraser 2003）。BBは以下の基本的な考え方といくつかの具体的な手法からなる。

　まず，基本的な考え方である。BBでは，6つの原則が指摘されている。①ライバル対比での相対的かつ意欲的な目標設定，②相対的な達成度による事後的な評価，③アクションプランの継続的かつ包括的な策定，④必要に応じた資源の利用，⑤顧客ニーズに対応する社内の横断的調整，⑥相対的な業績基準による管理という6原則である。

そして，BBでは組織の分権化を提唱する。そこでは，①明確な原則と境界を示すガバナンス，②市場における相対的な数値を重視する組織文化の醸成，③意思決定権限の現場への付与，④顧客価値追求のための小チーム組織，⑤組織全員がアクセスできるオープンな情報システムの構築などの原則が指摘されている。

以上のような考え方の下，BBではいくつかの具体的な方法が提示されている。①資本コスト以上の価値を生み出すような意思決定をするための株主価値モデル，②超一流の標準と対比させて行うベンチマークモデル，③BSC，④プロセスや活動に焦点を当てるABM，⑤顧客行動の情報に焦点を当てる顧客関係管理モデル，⑥全社的な情報システムとローリング方式の予測が提示されている。

ここで注目されるのは，予算管理を使わないBBにおいても何らかの管理システムが必要とされることである。行政の内環部等では企業と同じ意味での予算管理は存在しないが，そうではあっても，そこには何らかの管理システムが必要とされることを暗示しているように思われるのである。

（3）BBへの批判

予算管理の逆機能を受けて提唱されたBBにも賛否両論がある（櫻井 2015, pp.216-221）。たとえば，①予算の調整機能の重要性，とりわけ日本企業のボトムアップ型の経営をふまえる必要がある，②予算管理でも四半期ローリング等により予算に弾力性を付与することは可能である，③決算短信には次期売上高等の予想も含まれており，予算管理と関係づけられる，などの指摘がなされている。

4 意思決定のための諸手法

管理会計には意思決定のための手法がいくつか提示されている。本節ではその代表的なものを櫻井（2015）よりいくつか概観する。

（1）設備投資についてのさまざまな経済性計算

　設備投資にかかる意思決定のための経済性計算にはいくつかの方法がある。経済性計算は一般的に収益と費用の両者から考える。以下で順次，言及する。

　まず，原価比較法である。これは資本回収費と操業費（運転費）から構成される年額原価で比較する。ここでいう資本回収費は，減価償却費を割引価値化したものとされる。原価比較法には，原価だけしか比較できないという限界があると指摘されている。

　次に，投資利益率法（ROI：Return On Investment）である。これは各年の税引き後増分利益を総投資額で除して％で表示する。ROIでは収益性は考慮できるが，キャッシュフローの時間的要素を無視する欠点もあると指摘されている。

　そして，回収期間法（PB：Pay Back）である。これは総投資額を単年度のキャッシュフローで除して期間で表示する。PBは計算が簡単だが，キャッシュフローの時間的要素を無視する欠点もあると指摘されている[4]。

　さらに，内部利益率法（IRR：Internal Rate of Return）がある。これは将来キャッシュフローの現在価値が総投資額に等しくなるような割引率で表示する。

　また，現在価値法（PV：Present Value）もある。これは将来キャッシュフローの現在価値から総投資額を差し引き，「正なら採用」等の正負で判断する。

　以上のうち，内部利益率法（IRR）と現在価値法（PV）がDCF（Discount Cash Flow）法とされる。DCF法は19世紀末の米国の鉄道技師により利用され始めたと指摘されている。これは，巨額な初期投資を長期にわたって回収しなければならないことから，資本効率を正確に見積もる必要があったことに由来する。

　なお，次章で言及するが，あえて先回りすれば，収益側をパターン化して

4）回収期間法には資本コストである利子を考慮した回収期間法もある。

認識する公共事業におけるB／C分析や医療における費用対効果評価は，以上で述べてきた経済性計算の発想の延長線上にあると考えられる。また，下記（2）や（3），さらには調達なども合わせ，意思決定のための手法（意思決定会計）とくくることもできよう。意思決定会計は後述する（第7章）。

（2）設備投資計画におけるリスク評価とリアルオプション

　設備投資にリスクはつきものである。リスクを加味する方法として，回収期間を短縮する方法や，DCF法において高い割引率を適用する方法が指摘されている。その他，キャッシュフローに期待値（確率）を乗じて活用する方法や，ディシジョンツリーを描く方法も指摘されている。計算要素の1つを変えて結果をみる感度分析（sensibility analysis）等もある。

　また，フィナンシャルオプションの考え方を実物（リアル）に適用したリアルオプションも指摘されている。これは，たとえば，有利な環境の場合のみ設備投資を実行し，そうでない場合はオプション料を放棄して設備投資を中止するといった形で活用される。

（3）さまざまな原価等

　意思決定にはさまざまな原価や分析も活用される。ここでは代表的なものをいくつか言及する。

　増分（ましぶん）分析は，ある代替案の採択によって収益や原価，利益がどのように増減するかを分析することである。これは増分原価（incremental cost）や増分利益として計算される。

　機会原価（opportunity cost）は，諸代替案のうち1つを受け入れ，他を断念した結果失われる利益のことをいう。計量化が可能な便益も含まれる。

　差額原価（differential cost）とは，経営活動の変化の結果生じる原価の変動値を意味する。典型的な差額原価は変動費であるといわれている。

　埋没原価（sunk cost）は，意思決定にとって関係のない原価をいう。これは，どういう意思決定をとったにせよ，かかる経費と考えれば理解しやすい。

第Ⅰ部　第4章　総合的な管理

61

第5章

収益側に拡張

　本章では「収益側に拡張」した管理会計手法に着目する。これらは，費用は金額で把握されるものの，収益については何らかの前提を置いてバーチャル（疑似的）な形で把握しようとする手法群である。「収益側に拡張」した管理会計手法は，行政のうち，収益と費用を金額で把握できる分野である独立行政法人や地方公営企業等の行政の外環部や，収益側は何らかの工夫を講じて把握しなければならないものの，費用は金額で把握できる分野である行政の執行部局の行政の内環部にもっぱら適用される。後述のロジック分析等は行政の中心部でも適用され得る。

　概要は以下のとおりである。今回は，ロジックや因果関係仮説等を中心に考えるグループと，収益に相当するものをパターン化して認識するグループの大きく2つに分かれる。まず，前者のグループから，ロジック分析，KPI，戦略マップ再論，業績予算を概観したうえで，行政の中心部たる政策の企画立案部局でも適用され得るロジック分析等とEBPMに言及する。そして，後者のグループから，B／C分析（費用対効果分析），費用対効果評価を概観する。

1　ロジック分析

　まず，ロジック分析を概観する。収益を金額で表示できない行政の執行部局（内環部等）にあっては，行政執行等の効果について，ロジックに基づい

てバーチャル（疑似的）に考えていく必要が生じる。

ロジック分析は一般的にはロジックモデルといわれるものである。以下で示すように，わが国で流布しているロジックモデルのイメージが限定的であることから，ここではあえてこれをロジック分析ということとしたい。

（1）ロジックモデルの概要と歴史的な経緯

わが国では**図表I-5-1**のようなロジックモデルがしばしば言及されており，これが一般的に流布しているイメージである。樫谷ほか（2016, pp.20-21）によれば，ロジックモデルではすべての政策には必ず，その活動を行うことによって，どのような成果を生み出すのかという手段・目的の連鎖が仮説として存在することを前提とする。ロジックモデルはこうした仮説を明確に示すためのツールである。この手段・目的の連鎖をセオリーとよぶ。

行政が人的・資金的資源を投入し（インプット），その結果として財やサービスが算出されるまでが行政内部の事象であり，この部分の連鎖をプロセスセオリーとよぶ。そして，財やサービスの提供後から政策の効果（アウトカム）が発現するまでの過程が行政外部の事象であり，この部分の連鎖をイ

図表I-5-1　一般的なロジックモデルのイメージ

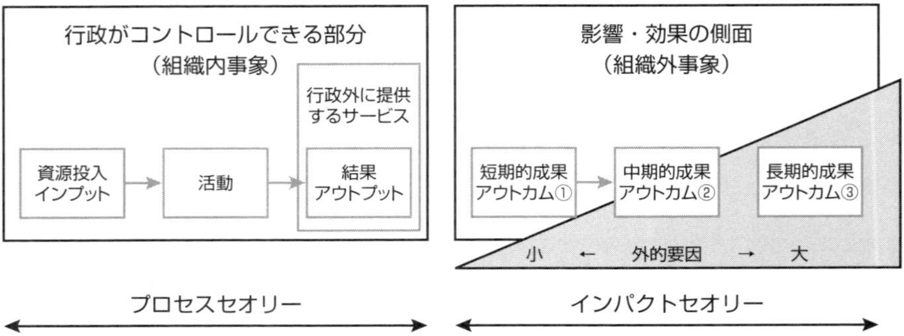

出所：樫谷ほか（2016, p.21, 図表1-1）より。

ンパクトセオリーとよぶ。インパクトセオリーの連鎖は因果関係仮説として示されるのが一般的であるとされる。

大西・日置（2016b）で整理しているが，用語としてのロジックモデルは1979年に登場したとされる。しかし，その起源は1960年代後半に米国国際開発庁が開発したロジカルフレームワークにあるとされる。当時，ＯＤＡ（政府開発援助）の分野では，税金を原資とする巨額の資金が，なぜ海外諸国に供与等されなければならないのかという質問にどのように答えるかが非常に重要であると認識され，その必要性からこの種の手法が開発された。

（2）ロジックモデルとロジック分析

（1）で述べたロジックモデルは簡単明瞭にできている。このため，実際の行政にあっては，複雑な要因を一定のパターンにはめ込むイメージが強く出ることと思われる。

しかしながら，ケロッグ財団のガイドラインによれば実際のロジックモデルはもっと複雑であり，3つの類型に整理されている（大西・日置 2016）。そこでは，ロジックモデルの基本は，インプットからアウトカム，インパクト[1]に至る一連の出来事を「もし……ならば，どうなる」（if-then）という言葉に従って示されるとし，用途に応じて3つの類型に分けられるとする。具体的には，資金を獲得するために使われる理論タイプ，報告等の目的のために評価に使われるアウトカム・タイプ，実際のマネジメントのために使われる活動タイプである。それぞれに目的が違うことから，内容も少しずつ異なっており，その使い分けが重要であるとされる。なお，この3類型はサイクルとなっていることが注目される。これらを図示すれば**図表Ⅰ-5-2**のとおりである。

1）最終的に発現を期待する効果をインパクトという。

図表Ⅰ-5-2 ロジックモデルの3類型

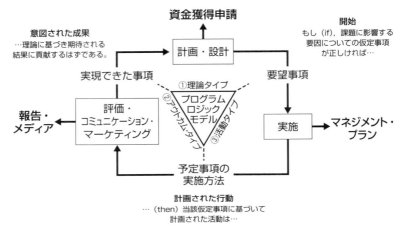

出所：大西・日置（2016, p.9, 図表6）より。

　行政管理会計の文脈からはマネジメントが重要である。本来，きちんとしたマネジメントを行うためには，活動についても多段階で考えていく必要がある。しかし，**図表Ⅰ-5-1**で示したロジックモデルでは，活動が1つにまとめられており，この点が問題となる。そこで，**図表Ⅰ-5-2**のロジックモデルとは区別する意味で，第Ⅰ部ではロジック分析とよぶこととする。

　ロジック分析では，インプットからアウトプットに至る活動が多段階に分けられ，それぞれにその活動量が測定される。このようなロジック分析は，戦略目標間を因果関係仮説で示す戦略マップと親和性を有することとなると思われる。

（3）ロジック分析とプログラム評価論

　大西・日置（2016b）でも整理したが，ロジック分析は米国のプログラム評価論の文脈で論じられることが多い。そこで，ロジック分析とプログラム評価論との関係について概観する。

　プログラム評価とは，社会的介入プログラムの効果性をシステマティック

に検討するために社会調査法[2]を利用することをいう。プログラム評価は米国での歴史的経緯のなかで構築されてきた。これは，まず，プログラムの費用と効率について評価する効率性評価から始まり，次に，アウトカムを評価するインパクト評価，さらには，プログラムのプロセスと実施を評価するプロセス評価，そして，プログラムのデザインと理論を評価するセオリー評価，最後に，プログラムのニーズを評価する必要性評価からなる。後者になればなるほど詳細なものと理解されている。米国では，1930年代に効率性評価に含まれる費用便益分析[3]の導入から始まり，その後，より詳細な（先の順でいえば，より後者の）評価に対象を拡充してきた。

　一般的なロジックモデルのイメージを記述した**図表Ⅰ-5-1**では，プロセスセオリー，インパクトセオリーという用語が示されている。ここにみられるように，インプットからアウトカムに至る仮定の連鎖（先述のif-thenの連鎖）をセオリーといい，これを示すものがロジックモデルであるとされている。

　なお，プログラム評価と似た用語に業績測定がある。業績測定は，プログラム評価論の「セオリー評価→プロセス評価→インパクト評価」に当たる部分を簡略化し，政策現場で役立つように体系化されたものである。端的にいえば，業績測定の分析対象がアウトプットであるのに対し，プログラム評価のそれはアウトカムである等，両者間には大きな違いがある。

2 KPI

　昨今，行政においてもKPI（Key Performance Indicator：重要業績指標）が使用されてきている。収益を金額で表示できない場合であっても，KPIによりバーチャル（疑似的）に測定することができる場合がある。KPIは収益

---

[2] 社会調査法とは，体系的な観察，測定，データ解析などの諸技法を活用して，事実に即して社会現象を記述するものであるとされている。
[3] わが国で実施されているB／C分析（後述）につながる。

側における管理指標となり得る[4]ので、ここで概観することとしたい。

　大西・福元（2016a）で整理したが、KPIは多義的ではある。その活用の起源は、20世紀初頭の米国デュポン社におけるデュポンチャートシステムにさかのぼると指摘されている。デュポンチャートシステムは、投資利益率を売上高利益率と資本回転率に展開し、それらをそれぞれに財務的な要素で分解していくものであり、今日でも用いられている。

　KPIはその後、産業ごとにあらかじめ想定できるような成功決定要因と考えられたり、組織目標における達成目標と位置づけが与えられたりしたのち、現在では、戦略の実行プロセスにおける指標と位置づける考え方が主流になってきている。そこでは、先行指標や遅行指標（結果指標）といった指標間の関係性のなかでKPIが考えられている。現在では、論者により、先行指標→（遅行指標としての）KPIとの位置づけや、（先行指標としての）KPI→遅行指標との位置づけがみられる。マネジメントにおいて重要なのは先行指標であるため、KPIとして特に注目していく観点からは、後者の位置づけが適当であると考える。

　KPIでは伝統的にコンサルタントが活躍している。ある見解では、KPIの概念を広く解し、目標となる成果指標としての「成果KPI」と、「成果KPI」の先行指標となるプロセスの管理指標である「プロセスKPI」に分け管理するとしている（大西・福元 2016a）。

　このように、現在、KPIは指標間の関係性のなかで考えられている。その結果、戦略目標間の因果関係仮説から考える戦略マップや、目標を手段たる方策で管理し、下方に展開していく方針管理との親和性が高まってきていると考える。

4）費用側でも活用可能であるが、どちらの可能性が高いかという観点から収益側とする。

3 戦略マップ再論

戦略マップについては，BSCのなかで戦略を記述する手法であることは先述した。戦略マップの活用は行政ではイメージしやすく，また，関係者間の認識を共有する観点からも効果が大きいので，ここで再度言及する。

（1）戦略目標間の因果関係仮説に基づく戦略マップ

BSCを構成する戦略マップの特徴の1つは，戦略目標同士の因果関係仮説である。この因果関係は統計的な意味での厳密性をもつということではなく，事象Xが時間の経過のなかで事象Yに先行し，事象Xが発生すると必ずあるいは高い確率で事象Yが観察され，時間と空間のなかでXとYが互いに密接な関係にあるときをいうとされる（櫻井 2015, p.617）。戦略マップという手法を採用することで，戦略目標間の因果関係仮説において時間軸となる時間の流れが表現できることになる。ここに，戦略の記述として非常に理解しやすいという戦略マップのメリットがある。

前章において，BSCは，戦略マップの他，学習と成長から始まる4つの視点，スコアカード，アクションプランといった構成要素からなることを示した。また，BSCには柔軟な側面があることを述べた。4つの視点も適宜修正され活用されている。戦略マップの行政への活用，とりわけ，収益を金額で表示できない行政の内環部（執行部局）への活用を考えるに当たっては，財務の視点を含む4つの視点などのBSCの構成要素に固執するのではなく，まずは戦略マップを取り出し，戦略目標同士の因果関係仮説を中心に理解してはどうかと考える。そのうえで，それぞれの戦略目標を実現していくための手段たるアクションプランなどについて，目的・手段関係に基づき，必要に応じて考えていけばよいと思われる。結果として，BSCにかぎりなく近くなる，あるいは同じものとなる場合もあれば，大きく異なることとなる場合も出てくると思われる。

先に，因果関係仮説には統計的厳密性は求められないと述べた。しかし，その一方で，因果関係仮説はPDCAによる検証を伴う。因果関係仮説をPDCAで修正しつつ，より確からしいものにしていくことは必須である。それでは，どういう場合に因果関係仮説を修正する必要があるのか，誰がどういう場合にどの程度の段階で判断するのか，ここに実務上の課題があることは指摘しておかねばなるまい。

（2）合意形成における戦略マップの活用

先に述べたように，戦略マップは戦略の記述として理解しやすいというメリットがある。それゆえ，戦略マップはコミュニケーションツールとしても機能する。4つの視点やスコアカードなどのBSCの他の構成要素は，それぞれの行政の必要に応じて適宜修正されればよい。その結果，戦略マップは，理解しやすいというその特徴から，職員の方向づけ（アラインメント）のために必要となる組織内の合意形成や，組織の壁を越えた関係者間での合意形成に効果を発揮することとなる。

行政においては，同じ組織でも複数の部門間で多職種が協働しなければならないことは多い。国や地方の多くの組織や関係団体など組織の壁を越えた協力関係が求められることも多い。戦略マップは，行政内部での，行政の枠を越えた複数組織間などにおける関係者間の方向づけのすり合わせに大きな効果を有すると期待される。他方で，管理会計論には組織間管理会計の議論もみられる。両者を併せて考えると，著者としては，行政における組織間管理会計は，後述のように，戦略マップから始まるような気がしてならない。

なお，ここで急いで補足しなければならない点がある。行政の場合，先々の重要イベントを時間軸のなかで表現するポンチ絵を活用することが一般的である。ごく短時間で関係者にイメージを了解してもらうのには有益な手段である。しかし，これらは実のところ，単なる道行きを示したものであり，戦略マップでいう戦略目標同士の因果関係仮説とは似て非なるものである。

4　業績予算

業績予算とは，一般に，提供された資金（予算額）を使用して，どのような業績指標を達成しようとするのか，その目標はどれだけ達成されたのかに関する情報を示した予算であるとされる（藤野 2009）。管理会計論でも行政の業績予算が議論されてきた経緯もある（櫻井・伊藤編著 2017, pp.288-289）。そこで，業績予算の可能性に言及する。

藤野（2009）は，業績予算には大きく2つの技術的な課題があると指摘する。第1は，業績目標が設定される単位と予算編成の単位のズレである。第2は，インプットとアウトカムとの間に明確な関係を見出すことが困難なことである。

将来，ロジック分析や戦略マップなどが行政に浸透し活用された段階を考えた場合，今述べた第2の技術的な課題は，ある程度は解消されることが期待される。これに対して，第1の技術的な課題は，ロジック分析や戦略マップのみならず，組織間管理会計の議論が必要となるかもしれない。

ここで，業績予算の実施に当たっては，政治との関係が本質的な課題となることは指摘されなければならない[5]。そのため，政治との距離が若干でも遠く，いわば経済的合理性をふまえた判断が優先されやすい行政の外環部や内環部であればあるほど，業績予算の可能性は否定できないように考える。

5　行政の中心部に適用され得るロジック分析等とEBPM

どのような政策が企画立案されるのか，これは行政の中心にあり続ける課題である。政治との関係が課題とならざるを得ず，そこにはさまざまな議論もある。しかしながら，ここでは，行政の外環部や執行部局たる行政の内環

---

[5] 1960年代から70年代初頭に米国で行われたPPBS（Planning Programming Budgeting System）でも政治との関係について同じ議論があった。

部を中心に言及し，政策の企画立案部局たる行政の中心部には必要最小限の言及にとどめる。これは，わが国の財政制約の下，早急な改善が必要であることはどの分野であれ同じであるが，その実現可能性を考えると，まずは周辺部から取り組むことが適当であると思われるからである。

ともあれ，政策の企画立案部局たる行政の中心部に関係する論点として，経済学からは昨今，議論されることの多いEBPM（Evidence-Based Policy-making：証拠に基づく政策形成）について簡潔に述べ，管理会計論からロジック分析と戦略マップについて言及する。

最初に，EBPMを概観する。EBPMについて山名（2017）は「効果が合理的に予測される政策のみを行うべきである，という考え方である。治療を行う際は，個人の経験や勘に基づく治療法ではなく，効果があると科学的に認められた治療法を選択すべきである，と考えれば分かりやすい」と指摘する。ここでいうエビデンスとは客観的に示された因果関係のことであり，疑似相関とは区別され，その立証にはランダム化比較試験[6]などの手法が用いられる。EBPMは理論的厳密性を追求する点に特色がある。

これに対して，管理会計論のロジック分析や戦略マップは，因果関係仮説などさまざまな仮定を前提に組み立てられており，これをPDCAで検証していくという構図に立つ。そこでは，仮定が間違っていれば修正すればよいという割り切りがある。理論的厳密性はEBPMほどには求められていない。

ここから，行政の中心部における経済学と管理会計論との境界が見出される。すなわち，証拠を多く集められる政策課題にあっては，経済学のEBPMを活用すべきである。これに対して，証拠を集めにくい政策課題にあっては，管理会計論のロジック分析や戦略マップの活用が考えられよう。また，政策課題のなかでも下位の課題や政策の執行に近い課題の場合には管理会計論が役立つであろう。証拠を集めるのにも費用がかかる。時間がかかることも多い。費用や時間をかけられない場合も現実には多いからである。このように，

6）ランダム化比較試験とは，結果に影響を与える「他の条件が一定」になるような状況を「人為的」に作ることで因果関係を検証する方法のことである（山名 2017）。

行政の中心部でも補足的にということであれば，管理会計論を活用していく
余地はあると思われる。

6 B／C分析（費用対効果分析）

　本節と次節では，収益をパターン化してバーチャル（疑似的）に認識して
いる手法についてそれぞれ概観する。両者ともに一般的には管理会計手法と
は認識されていない。しかし，ここでは行政管理会計の「収益側に拡張」し
た手法と位置づけることとする。なぜなら，ともに意思決定のための手法（意
思決定会計の手法）と位置づけることができることに加え，PDCAサイクル
のなかでの活用も考えられるからである。

　それでは，まず，公共事業で取り組みが進んでいるB／C分析[7]（Benefit／
Cost分析：費用対効果分析）について概観する。B／C分析は収益をパター
ン化して認識している典型の１つである。

（1）基本的な考え方

　B／C分析については樫谷ほか（2016, pp.146-152）で簡潔に整理している
ところであるが，わが国での導入は1990年代後半にさかのぼる。1990年代半
ばにかけて累次の経済対策の柱に公共事業が位置づけられたが，ゼネコン汚
職・談合事件や，公共事業の効果の低下といった指摘を受けて，公共事業に
対する批判が高まった。このようななかで，当時の建設省を中心としてB／
C分析の取り組みがみられ，1998年前後までにB／C分析のマニュアル整備
等が進んだ。その後，2004年には国土交通省において統一的な取り扱いが定
められ，2008年にはその改訂が行われた[8]。

　たとえば，道路整備のB／C分析の場合，ある年次を基準年次として道路

7）略称は「BバイC」である。経済学的には費用便益分析が一般的であり，費用対効果分析
　は通称といえる。
8）現在（2018年）適用されている費用便益分析マニュアルである。

73

整備を行う場合の一定期間の便益額と費用額について社会的割引率を用いて基準年次で算出し，道路整備に伴う費用の増分と便益の増分を比較することにより分析・評価が行われる。この場合，便益には，走行時間短縮，走行経費減少，交通事故減少の項目について金額に置き換えて算出し，費用は整備用事業費と維持管理費で算出する。この便益を費用で除した数値が1以上であることが事業を実施する前提とされている。このように，収益側の便益について，仮定を置いて金額換算して認識しており，事業ごとにそのパターンも異なっている。

（2）現在の活用状況と今後の課題

B／C分析は現在，公共事業の新規採択時のみならず，一定期間未着工である場合や一定期間事業継続した場合，さらには事業完了後に行われている。このように，B／C分析は公共投資の可否を決める意思決定のための重要な手法となっている。第Ⅰ部の最後で，わが国の今後を考えれば投資の意思決定こそが重要であることを指摘するが，行政管理会計の文脈においても意思決定会計の手法の1つとして考えてよいと思われる。また，B／C分析は，当初は納税者への説明責任の観点から導入されたが，現在では事業に関する社会的な合意を形成する際のツールとしても利用されてきている。この点も留意されるべきであると考える。

その一方で，B／C分析には課題も指摘されている。まず，異なる公共事業同士の比較には限界があるという指摘である。また，検証可能性の観点から原データを公表すべきであるという指摘もある。さらには，便益を過大に見積もる上方バイアスや費用を過小に見積もる下方バイアスなども批判されており，この点をふまえたPDCAサイクルのさらなる徹底も指摘されている。

7 費用対効果評価

収益をパターン化して認識している手法の2つ目は，医療において最近導

入されつつある費用対効果評価[9]である。費用対効果評価について，以下で簡潔に言及する（樫谷ほか 2016, pp.138-142）。

　わが国の人口動態，とりわけ団塊の世代の高齢化に伴い，医療費の増加が大きな課題となっている。これを背景に，医療においても先述のB／C分析に相当する費用対効果評価が議論されてきている。中央社会保険医療協議会の2012年度診療報酬改定附帯意見において費用対効果評価が盛り込まれ，その後も検討が続けられ，2016年4月には医薬品等を対象に，費用対効果評価が試行的に導入されている。

　費用対効果評価の基本的な考え方は，費用については公的医療費を原則とし，必要に応じ公的介護費や生産性損失を加味する一方，効果については QALY（Quality-Adjusted Life Years：質調整生存年）を基本にその他の指標を加味することにより算出する。ここでいうQALYとは，「QoL（Quality of Life：生活の質）スコア×生存年数」で算出するものであり，QoLスコアとは，完全な健康を1，死亡を0とする効用値である。

　費用対効果評価は，医療における意思決定のための重要な手法となりつつある。B／C分析と同様に，行政管理会計の文脈においても意思決定会計の手法の1つとして考えてよいと思われる。

9）中央社会保険医療協議会における用語である。

第6章

費用側に拡張

本章では，「費用側に拡張」した管理会計手法に着目する。ここでは，費用についてバーチャル（疑似的）な形で把握しようとする手法の他，施設管理（ファシリティマネジメント）や調達といった手法も含めて考えている。行政の分野でいえば，「費用側に拡張」した管理会計手法は，独立行政法人や地方公営企業等の行政の外環部と執行部局といった行政の内環部に適用される。

本章の概要は以下のとおりである。まず，ABM（活動基準管理）と密接な関係にある事務量マネジメントを概観する。この事務量マネジメントについては，**第Ⅱ部**では人日（にんにち）管理と称している。次に，これと関連する業務フロー・コスト分析に言及する。そして，最近，行政で言及されることの多いBPR（ビジネスプロセス・リエンジニアリング）について述べる。そのうえで，事務量に着目した管理会計手法が実践されている例に言及する。なお，『月刊 地方財務』の連載で言及していたファシリティ（アセット）・マネジメントや調達については紙幅の都合から割愛している。

1 事務量マネジメント

事務量マネジメントはABM（活動基準管理）と密接な関係にある。銀行におけるABC（活動基準原価計算）と同様に考え，大西（2010a, pp.139-142）では事務量マネジメントをABMと位置づけた。一方で，ABMと解釈することにより，間接費の精緻な配賦方法としてミクロの正確性を追求して

77

きたABCの過去の蓄積に引きずられ，業務改善の視点が忘れられやすくなるという問題もあった（樫谷ほか 2016, pp.27-29）。そこで，本章では樫谷他ほか（2016）に従い，事務量マネジメントという方法論を立てて説明する。

（1）事務量把握の重要性

　ドラッカー（Drucker 1966；訳書 pp.46-76）は，時間は普遍的な制約条件であり，だからこそ，時間の使い方を最低でも年2回，3〜4週間の時間記録をする必要がある。する必要のない仕事や他のヒトでもできる仕事は削減し，他人の時間を奪わないことが重要である。時間浪費の原因は，繰り返されていればシステムの欠陥や先見性の欠如が原因であり，組織上層部が時間の1割以上を部内人間関係に使っていれば人員が過剰であり，会議が過剰であれば組織構造に欠陥があると指摘する。このように，労働時間の管理は昔も今も変わらぬ課題である。

　労働時間の管理は，仕事の配分やさばき方，見える化，ITの活用などを通じて行うものであり，勤怠管理とは異なる。そこでは，投下時間分析が重要である。この投下時間分析には，一時点の計測であるスナップショット的な記録と継続的な記録，全員による記録と代表者による記録，日々や週単位，年数回の記録，細かい業務での記録と大くくりな業務での記録など，さまざまな方法がある[1]。

　労働時間を活動別等で把握したものが事務量である。したがって，労働時間を管理するということは事務量を管理するということになる。労働時間の効率的・効果的な活用は，事務量の効率的・効果的な活用を意味する。

　なお，ここで一般的な行政の特徴を述べる。行政の手段は，主に，ヒト，モノ，カネである。モノはインフラ資産等，カネは投融資活動等，その他ではヒトが重要となる。他に規制も主要な手段ではあるが，そのためには，規制の担保手段として調査等が必要となる。これは結局，ヒトに帰着すること

1）サービス残業は正確な記録の阻害要因となる。

郵 便 は が き

料金受取人払郵便

神田局
承認

8122

差出有効期間
平成32年1月
31日まで

1 0 1 - 8 7 9 6

5 1 1

（受取人）
東京都千代田区
神田神保町1－41

同文舘出版株式会社
愛 読 者 係 行

‖‖|‖·|‖·‖‖|‖‖|‖·|‖‖|‖‖|·‖|‖·‖‖|‖·‖‖|‖·‖|·‖‖|

毎度ご愛読をいただき厚く御礼申し上げます。お客様より収集させていただいた個人情報
は、出版企画の参考にさせていただきます。厳重に管理し、お客様の承諾を得た範囲を超
えて使用いたしません。

図書目録希望　　　有　　　　無

フリガナ		性　別	年　齢
お名前		男・女	才

	〒		
ご住所			
	TEL　　　　（　　　）	Ｅメール	

ご職業	1.会社員　　2.団体職員　　3.公務員　　4.自営　　5.自由業　　6.教師　　7.学生 8.主婦　　9.その他（　　　　　　　　　　　　　）
勤務先 分　類	1.建設　2.製造　3.小売　4.銀行・各種金融　5.証券　6.保険　7.不動産　8.運輸・倉庫 9.情報・通信　10.サービス　11.官公庁　12.農林水産　13.その他（　　　　　　）
職　種	1.労務　　2.人事　　3.庶務　　4.秘書　　5.経理　　6.調査　　7.企画　　8.技術 9.生産管理　10.製造　11.宣伝　12.営業販売　13.その他（　　　　　　　）

愛読者カード

書名

◆ お買上げいただいた日　　　　　年　　　月　　　日頃
◆ お買上げいただいた書店名　　（　　　　　　　　　　　）
◆ よく読まれる新聞・雑誌　　　（　　　　　　　　　　　）
◆ 本書をなにでお知りになりましたか。
　1．新聞・雑誌の広告・書評で　（紙・誌名　　　　　　　）
　2．書店で見て　　3．会社・学校のテキスト　　4．人のすすめで
　5．図書目録を見て　　6．その他（　　　　　　　　　　）

◆ 本書に対するご意見

◆ ご感想
　●内容　　　　良い　　普通　　不満　　その他（　　　　　）
　●価格　　　　安い　　普通　　高い　　その他（　　　　　）
　●装丁　　　　良い　　普通　　悪い　　その他（　　　　　）

◆ どんなテーマの出版をご希望ですか

＜書籍のご注文について＞
直接小社にご注文の方はお電話にてお申し込みください。宅急便の代金着払いにて発送いたします。書籍代金が、税込1,500円以上の場合は書籍代と送料210円、税込1,500円未満の場合はさらに手数料300円をあわせて商品到着時に宅配業者へお支払いください。

同文舘出版　営業部　TEL：03-3294-1801

となる。一部には，ヒトとモノ，ヒトとカネといった混合形態をとる行政もあろう。

一般的な行政ではヒトが重要となる。ヒトは定員管理によりコントロールされていることから，かぎられた資源となる。しかも，昨今の働き方改革の流れのなかで，ヒトの労働時間の制約条件は強まりつつある。このため，その有効活用が課題となる。

（2）事務量マネジメントの基本的なイメージ

樫谷ほか（2016, pp.25-26）に基づき，事務量マネジメントの基本的なイメージを概観する。事務量を計数情報として把握するためには，まず，各人が従事する事務についての事務区分表が必要となる。アクティビティマップともいわれる。大項目から詳細項目までの層構造で考えることもできる。

そして，それぞれの事務区分に従事した時間を記録する。これにより，事務区分ごとに投下事務量が可視化される。時間記録では，各職員が日々，従事した事務を記録していく事務日誌のようなものを，多少の厳密さを欠いたとしても記録していく必要がある。特定の時点での計測をもって代えることも考えられないではないが，一般行政分野では，各職員がさまざまな業務に従事しており，時期による変動もある。したがって，基本的には事務日誌のようなものが望ましい。

一般的に，職員1人の稼働日は年間200日，職員数が100人であれば年間2万人日となる。これが，たとえばAからXまでの26の事務区分ごとに[2]，どの程度の事務量を投下したかが計測され，可視化される。投下事務量を「人日」（にんにち）とよぶ行政組織もある[3]。

日々の時間記録により，事務量が計数（人日）という形で可視化され，

---

[2] 大項目として数区分，詳細項目として数区分といった層構造もありえよう。
[3] 時間記録の単位は常識的には1時間ないし30分単位であろう。事務区分も常識的な数にとどめる必要はあろう。いずれも各職員による記録という手間から常識的なものにしておく必要があろう。

PDCAサイクルでマネジメントしていくことが可能となる。可視化により，無駄（かもしれないところ）がみえてくるという効果が期待できる。

ただし，このマネジメントが有効であるのは，行政組織自らが管理可能な事務だけである。議会対応のような管理可能性がない業務は除く必要がある。

（3）複数手法を組み合わせた事務量マネジメントの全体的なイメージ

以下では，主に樫谷ほか（2016, pp.29-38）を参考に，複数手法を組み合わせた事務量マネジメントの全体的なイメージを概観する。効率性向上のキーとなる標準化やプロセスの概念と，効果性向上のキーとなる組織戦略が組み合わされている。

①効率性向上のキーとなる標準化やプロセスの概念

第3章では，事務改善活動は標準の改定作業を通じて行われるべきことを述べた。事務量マネジメントにおいても，事務区分ごとに事務フローを設定し，必要に応じ細部の作業について標準を定める必要がある。標準の改定を通じ，質の向上とコストの低減を両立させることが可能となる。標準の改定は先述したTQC（全社的品質管理）と関係づけられる。そして，このTQCは，暗黙知を形式知に変換し共有し新たな知を生み出す知識スパイラルと関連が深い。

また，業務には大小の階層があり，機能（例：マーケティングと販売）＞プロセス（例：製品の販売）＞活動（例：販売の予測）＞タスク（例：提案書の作成）に分けられる。タスクのような下位の階層では標準が重要となる。一方，上位の階層では，プロセスに着目したBPR（ビジネスプロセス・リエンジニアリング）が重要となろう。このBPRは，前提となる変数や現実世界の仮説を見直すダブルループ学習（第3章）と関連が深い。

ただ，著者としてはタスクとプロセスの違いは相対的なものであり，タスクをめぐる標準の改定による事務改善活動とプロセスをめぐるBPRとは峻別する必要はないと考える。詳細はBPRの項目で述べる。

②効果性向上のキーとなる組織戦略

　事務量マネジメントはまた組織戦略に基づいてなされる必要がある。組織戦略では，因果関係仮説と目的・手段関係が何よりも重要となる。

　多くの場合，行政組織ではそれぞれの組織に使命が定められている。その使命を果たすために，実現すべき目的をどのように設定するのか，そこに至る道筋をどのように定めるのか，その道筋における道標（マイル・ストーン）をどのように設定するのか，それぞれの道標実現のためにどのような手段をとるのかなどを考えていかなければならない。ここではこれを組織戦略の策定と実行という。

　組織戦略を実行するに当たっては，最終的な目標となり得る指標をいくつかの指標に分解する。そして，因果関係仮説や目的・手段関係を念頭において，さまざまな先行指標を探し出し，相互に関係づけることが必要となろう。

　事務区分やその事務量については，必要に応じて，それぞれの指標に関係づけることにより，組織戦略に基づいた効果的な事務量マネジメントが可能になる。事務区分ごとの事務量は，職員1人ひとりの日々の時間記録に基づく。各職員の日々の事務が，組織全体の戦略と関係づけられる。そこで，職員意識の方向づけが重要な論点となるが，この点は(4)で後述する。

③事務量マネジメントの全体的なイメージ

　ここで，事務量マネジメントの全体的なイメージを描いてみる（**図表I-6-1**）。真ん中にあるのが事務量である。左側に，相対的にミクロとなるプロセスと事務改善活動やBPRがある[4]。右側に，相対的にマクロとなる組織戦略がある。事務区分や時間記録といった事務量の管理を中心に，全体が連動していることが注目される。

4） 樫谷ほか（2016）では標準と事務改善活動のみを指摘している。

図表Ⅰ-6-1　事務量マネジメントの全体的なイメージ

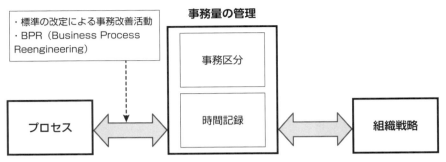

出所：樫谷ほか（2016, p.38, 図表1-6）を著者修正。

（4）組織や職員の方向づけ

　ここでは，まず，事務量マネジメントを推進するエネルギーとなる組織の価値観について述べる。そして，これを基礎に，組織内の合意形成と組織や職員の方向づけが可能となることを言及する（樫谷ほか 2016, pp.42-45）。

　企業組織であれ，行政組織であれ，組織の価値観は重要である。とりわけ行政組織の場合には，何を行うべき組織なのか，法令で定められていることから，組織の価値観としての出発点は明確になっていることが多い。

　次に，組織内の合意形成について述べる。一般に行政職員は専門職としての意識が高いとされるため，組織の価値観が強調されれば，組織の大きな方向性についての合意は形成しやすい。組織内の合意形成は，組織の価値観から生まれる方向性に対して，職員がこれを支持することで達成される。

　組織内の合意形成のうえに，組織構成員である職員が，いかに力を合わせて，同じ具体的な方向で努力するかという方向づけ（アラインメント）が課題となる。事務量マネジメントは，具体的な方向性を指標間の因果関係仮説や目的・手段関係で示すものである。これにより職員が力を合わせ努力することができることとなる。

　事務量マネジメントでは，たとえば，組織内部での事務などの事務量を削減しつつ，当該組織にとっていわゆる付加価値が高いと思われる一部の事務

にかかる事務量を拡充することが必要となる。この場合，どの事務を削減し，どの事務を拡充するかは，それぞれの行政組織における価値観，組織内の合意，そのうえでの職員の方向づけから導き出されることとなる。

このような組織や職員の方向づけに関連して，昨今のワークライフバランスの要請は非常に強い推進力となる。誰しもが自らのこととして，育児・介護の問題を考え，無駄な事務を削減し，残業等を圧縮したいと考えるからである。一時に比べ，残業は相当程度減少しているが，昨今のワークライフバランスの要請はそれをより一歩進め，働き方をどう改革するかという議論となっている。

（5）事務量マネジメントの導入

以下では，事務量マネジメントを導入する場合の手順について述べる。そして，想定される失敗例を提示する（樫谷ほか 2016, pp.47-52）[5]。

事務量マネジメントの導入プロセスは，まずは，事務区分表の作成から始まる。そこから時間記録に基づく事務量の把握，そのPDCA，さらには事務改善活動や組織戦略への展開が望まれる。事務区分は，職員個々人が時間記録を行うことを考えれば，計30〜40程度の区分から始めることが適当であろう[6]。時間記録は1時間単位等が適当であり，定型的な業務ならスナップショット的な（一時点の）記録で十分であろう。

次に，現場の職員を巻き込んだ事務改善活動である。事務改善活動を通じた効率化等により，組織内に余裕をつくり，行政の新たな展開に向けたいわば資源としていくことができる。BPRも視野に入れることが可能である[7]。

そして，組織戦略に従って事務を組み立て直すことが求められる。どのような組織戦略の下で，どのように事務量を使っていくのか。目的・手段関係

5）関連として，大西（2010b）がある。
6）職員ごとに大きく数区分，それぞれに数区分といったレベルからが適当か。
7）著者としては事務改善活動が軌道に乗った後，BPRに取り組むのが自然のように思われる。逆はどうもイメージしにくいのである。

や因果関係仮説を考えつつ，事務量と関連づけることが必要となる。

　それでは，どのような場合に失敗するのか。まず，正確性の過度な追求の結果，負荷がかかり過ぎる例が考えられる。ABC（活動基準原価計算）にみられるような細部の正確性に拘泥してしまうということである。また，ミクロの事務改善活動などから始めたものの，組織戦略まではたどり着かず，組織改革の運動に飽きがきてしまう例が考えられる。そして，マクロの組織戦略から始めたものの，単なる文章作りに終始してしまう例も考えられる。行政組織は一般的に作文が上手であるため，作文して終わりとなりやすい。いずれも留意すべきである。

2　業務フロー・コスト分析

　業務フロー・コスト分析の検討は2010年7月の閣議決定「公共サービス改革基本方針」に端を発し，2012～2013年にかけて形になっていった。当時は内閣府公共サービス改革推進室が担当しており[8]，業務フロー・コスト分析にかかる検討の初期段階では著者も参画の機会を得た[9]。そこで，当該分析の基本的な考え方と著者が考える課題を述べる。

（1）基本的な考え方

　総務省HP（2017a, p.3）によれば，業務フロー・コスト分析はABM（活動基準管理）の考え方に基づき，①分析の対象となる業務区分の特定，②当該業務区分についてその詳細区分である事務区分への分解，③事務区分ごとの業務量の把握・分析，④事務区分等の適切な区分ごとの人件費等の算定という手順で実施する。業務を可視化し，業務改善を図ることが目的であり，対象機関は，国の行政機関，独立行政法人，国立大学法人，特殊法人等とさ

---

[8]　2016年4月より総務省に移管された。
[9]　著者は2010年7月から2012年7月まで内閣府に出向した。内閣府での所属部署は異なるが，いわゆる有識者の1人としての参画であった。

れている。

　実務的に難度が高いと思われるのは，上記③の事務区分ごとの業務量の把握である。これには，現場の業務管理者を対象に，年間の従事時間割合（％表示等）をアンケート調査する方法などが例示されている（総務省HP 2017a, p.5）。

　以上のような業務フロー・コスト分析は，本章で言及したABM，すなわち，業務改善の目的で実施される，直接費に該当する従業員の稼働時間を対象としたABMと同じ発想である。また，業務フロー・コスト分析は，上記の事務量マネジメントのうち，事務量の管理の部分とも同じ発想に基づく。

（2）課題となるインセンティブ

　業務フロー・コスト分析を担当する部局は，官民競争入札[10]・民間競争入札（以下，併せて市場化テストという）をも担当している。市場化テストは，公共サービスの実施について，民間事業者の創意工夫を活用することにより，国民のため，より良質かつ低廉な公共サービスを実現するためとされている。このことから，業務フロー・コスト分析を実施しようとする行政組織にとっては，いわば努力した挙句，まとめて民間にアウトソーシングされかねないという問題があった。すなわち，業務フロー・コスト分析には，市場化テストとの関係でこれをどのように位置づけるのか，行政組織のインセンティブにいかに配慮したものにすべきかという点に課題があった。

　加えて，業務フロー・コスト分析には，実施に当たっての推進力という課題も指摘できる。事務量マネジメントでは，組織戦略や組織の価値観が職員等の方向づけの基盤となり，実施に当たっての推進力となっていた。これに対し，業務フロー・コスト分析にはこの推進力が備わっていないのである。

10） 官民競争入札は，公共サービスについて，官と民が対等な立場で競争入札に参加し，質・価格の観点から総合的に最も優れた者が，サービスの提供を担う仕組みである。

3 BPR

　BPR（Business Process Reengineering：ビジネスプロセス・リエンジニアリング）は2015年7月の総務大臣決定「国の行政の業務改革に関する取組方針」で言及され，翌年8月の総務大臣決定においては重要な柱となるに至っている。地方においても，2015年8月の総務省通知「地方行政サービス改革の推進に関する留意事項について」でBPRに言及されている。管理会計でもBPRに言及されることがある。そこで，BPRについて概観する。

（1）基本的な考え方

　BPRは，コスト，品質，サービス，スピードのような，重大で現代的なパフォーマンス基準を劇的に改善するために，ビジネスプロセスを根本的に考え直し，抜本的にデザインし直すことをいう。そこでのキーワードは，根本的，抜本的，劇的，プロセスである（Hammer and Champy 1993; 訳書 pp.57-62）。

　BPR実施の一般的ステップは，①検討（目標・目的の設定，対象範囲の確定），②分析（業務内容・フローや課題の把握），③設計（方針の策定，業務フロー等の設計），④実施，⑤モニタリング・評価からなるとされる。また，BPRのための分析やその実施に当たっては，ABC（活動基準原価計算）やBSC（バランスト・スコアカード）などの管理会計手法を含むさまざまな手法と関係づけることも可能である[11]とされている（三菱UFJリサーチ&コンサルティング 2010, pp.8-9）。

　BPRは情報技術がらみで言及されることが多い。このような新手法について，藤本（2001, p.27）は，「単に流行に飛びつくことも，逆に一過性の流行として切り捨てることも，ともに……生産的ではな（い）……むしろ……従

11）三菱UFJリサーチ&コンサルティング（2010, p.9）は仮説として提示する。

来から定石とされてきたプロセス分析・プロセス設計の……有効性が，情報技術の発達とともに拡大する可能性を体現している……と考え，その可能性と限界を冷静に評価しつつ，必要かつ可能なところから導入……を検討していくべき……」と指摘する。

（2）事務改善活動との関係

ここで，事務改善活動とBPRの関係を述べる。Hammer and Champy（1993；訳書 p.80）は，両者はプロセスの重要性などいくつかの共通のテーマはあるが，根本的に異なっているとする。事務改善活動はプロセスパフォーマンスの着実で漸進的な改善を目指すものである一方，BPRは既存のプロセスを捨て，まったく新しいプロセスに代えるものであると指摘する。

確かに，両者それぞれの親和的な手法や担い手といった点から考えると，両者は区別されても良いように思われる。たとえば，事務改善活動はTQC（全社的品質管理）と関連づけられ，暗黙知と形式知の知識スパイラルと関連が深い。担い手も現場レベルでのTQC的な事務改善活動が主流である。一方，BPRはダブルループ学習と関連が深く，担い手もミドル以上のレベルが中心となると思われる。しかも，行政の場合，主な業務フローは法令で定められていることも多く，その場合のBPRでは，法令の立案部局を巻き込んだ検討が求められよう。

しかし，その一方で，事務改善活動とBPRとを必ずしも峻別しなくても良いとする意見もある。コンサルタントの山本（2015, p.81）は，どちらのアプローチもプロセスをより良いものに移行させていく手法であり，厳密な言葉の定義にこだわる必要はないと指摘する。著者も，行政実務での展開を考えると，両者を峻別する必要はないのではと感じている。なぜなら，両者の違いはそもそも相対的なものであり，行政実務ではむしろ，一方の動きがも

う一方の動きの触媒やきっかけになることも多い[12]からである。

4 事務量に着目した管理会計手法の例

管理会計については，実際の行政の現場でも，事務量と親和的な手法が実践されている。以下では事例を簡潔にみていくこととしたい。

(1) 政府系金融機関の事例

谷守（2015, p.11）によれば，銀行では1950年代より，各営業店の最適人員数を算定する観点から，事務の所要時間分析が事務量分析として行われてきた。事務量は（取引1件当たり等の）標準処理時間に（取引件数等の）業務量が積算されて得られる。この事務量分析をもとに，銀行において1998年頃からABC（活動基準原価計算）が導入された。この動きは政府系金融機関にも伝播し，ある政府系金融機関では2004年度中の導入が公表された（谷守 2015, p.12）。

(2) 国の執行部局の事例

大西（2010a, pp.163-194）によれば，国のある執行部局では，これまでも，「人日」（にんにち）とよばれる事務量のマネジメントが行われてきていた。そこでは，いくつかある事務系統ごとに，おおむね2層や3層からなる比較的詳細な事務区分に従って，区分ごとの自らの従事時間が事務日誌に記録され，それが集計され事務量として把握されてきた。当該執行部局では，この事務量の把握からさまざまな施策の展開が試みられた。

---

[12] 現場職員からの事務改善提案の中にはBPRに相当するアイデアが含まれていることも多い。管理者層がBPRも辞さないという立場に立つことで，現場職員からのBPRに相当する事務改善提案が増える効果もある。さらに，BPRは抜本的なプロセスの変更を伴うため，新規策定のプロセスには改善のタネが相当あると思われることから，BPRが事務改善提案を誘発する効果もある。

（3）独立行政法人の事例

国のある独立行政法人においては，これまでも，「工手間」（くてま）とよばれる事務量の管理が行われてきている。そこでは，さまざまな事務に対する自らの従事時間が比較的細かく記録され，事務の進捗管理に活用されている。当該独立行政法人では，この「工手間」を応用し，ABC／ABM（活動基準管理）に発展させている。

（4）業務フロー・コスト分析の事例

総務省（2017b）によれば，先に述べた業務フロー・コスト分析については，独立行政法人や各府省の執行部局においてさまざまな取組みが行われてきている。そこでは，官民競争入札等監理委員会から業務フロー・コスト分析の実施を求められた事業だけでなく，自主的に実施された多数の事例が示されている。

（5）自治体間ベンチマーキングによる業務改革の事例

町田市HP（2017）によれば，業務の流れを大，中，小と区分し，それぞれにかかる業務量を把握して，相互に比較し差異を分析していく業務プロセス比較調査が東京近郊の8団体間で実施されている。2015〜16年度には国民健康保険や介護保険の業務について実施され，2017年度には市民税と資産税の業務について実施される予定である。2017年5月の経済財政諮問会議にも報告された事例である。

（6）国の地方支分部局Aの事例

樫谷ほか（2016, pp.62-84）においては，国の最大級の執行部局の地方支分部局であるAにおける取組みが報告されている。具体的には，国の地方局Aにおいては，もともと存在した事務量の把握・分析に，事務改善提案や組織戦略を連動させ，先述の事務量マネジメントのような形で取り組まれている。当該報告では事例が端的にまとめられている。なお，第Ⅱ部は地方局Aについての記述である。

第**7**章

行政管理会計の課題

　本章では，まず，これまで簡略形で示してきた行政管理会計について，その全体像をもう少し詳しく概観する。次に，行政管理会計が行政改革等における共通言語になることが期待されることについて言及する。さらに，行政管理会計を理解していく入口として３つの登山口があることを述べる。そして，意思決定会計と業績管理会計という区分に言及し，行政管理会計の今後の課題が目標達成活動であると考えられることを述べる。また，管理会計の導入においては行政が迷走しやすいので，その構図を概観する。そのうえで，行政実務家と管理会計研究者との交流が必要であることを提案する。最後に，行政の効果性・効率性向上の観点からは行政管理会計が推進される必要があること等について述べる。

1　行政管理会計の全体像（再論）

　第Ⅰ部では，収益と費用が金額で認識できるか否かで，行政を３つの分野に類型化した。通常の企業会計と同じように，収益と費用が金額で認識できる，独立行政法人や地方公営企業等の行政の外環部，そして，収益は金額で認識しにくいものの費用は金額で認識できる，政策の執行部局といった行政の内環部，さらに，収益も費用も金額では認識しにくい，政策の企画立案部局といった行政の中心部の３分野である。**図表Ⅰ-7-1**ではベン図で表現している。

また，行政管理会計については，それぞれの管理会計手法（方法論）が，もっぱらどの側面が強調されるかという視点で「収益」，「費用」，「総合的な管理」，「収益側に拡張」，「費用側に拡張」の5類型にまとめている。そして，それぞれに主にどの分野を対象として考えられるかにより，上記3分野に関連づけている。**図表Ⅰ-7-1**ではグレーの太い矢印で示している。

　なお，この太い矢印は煩瑣を避けるため簡略化して示している。実際には，個別の管理会計手法がどの分野を対象とするかについては，それぞれに少しずつ異なる。**図表Ⅰ-7-1**ではこれまで省略してきたこの関係も（注）において示している。

　全体としてみれば，行政管理会計の各手法は行政の外環部と内環部を主な対象とする。行政管理会計では，これらの手法を，それぞれの行政組織等の状況に合わせて，どのように組み合わせて活用していくかが問われている。

図表Ⅰ-7-1　行政管理会計の全体像（詳細図）

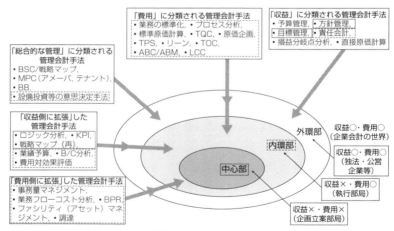

（注）☐は中心部までの対象，┈┈は内環部までの対象，それ以外は外環部までの対象を表している。
出所：大西（2018a, p.121, 図1）より著者修正。

2 共通言語としての行政管理会計

　国，地方を問わず，全国ではさまざまな形で行政改革が取り組まれている。そのなかには，行政改革に向けた取組みをコンテスト形式で発表する取組みも実施されている。たとえば，愛媛県総務部総務管理局市町振興課（2017）によれば，同県は2012年，2014年に同県内の市町と連携し，「行革甲子園」と銘打ち，行政改革事例の応募・審査・プレゼンテーションを経て「えひめ行革大賞」を決定した。その後，2016年6～8月には，全国の先進的・独創的な取組事例を共有し活用することで，行政改革の一層の推進を図ることを目的に，対象を全国に拡大した「行革甲子園2016～プラスの力を生み出す政策コンテスト～」を開催した。全国で104事例の応募があり，グランプリも決定された。

　愛媛県総務部総務管理局市町振興課（2017）でみられるような行政改革は，かなりの部分で業務改革の色合いが濃くなっている。業務改革の難しさは，好むと好まざるとにかかわらず，これまでの仕事のやり方，前任者のやり方等の否定につながりかねないことにある。このため，行政改革や業務改革を担当する職員は，それぞれの組織内で孤立しやすくなる。味方ができにくいのである。これでは，せっかく取り組まれた行政改革・業務改革がとん挫しかねない。このような感覚から，著者としては，愛媛県総務部総務管理局市町振興課（2017）のような取組みの背景に，行政改革・業務改革を志向する職員同士の連携が視野にあるのではないかと推察する。

　このような取組みについて著者は，運動論あるいはイベントとしては，非常に評価している。その一方で，残念ながら，これらの取組みには方法論を伴っていない印象が生じてしまうことは否定できない。そこで，方法論という意味ではさまざまな手法を数多く有する行政管理会計を，これらの取組みにおける共通言語にしてはどうかと考える。方法論が共通言語になることにより，行政改革・業務改革の趣旨が徹底されるとともに，孤立しやすい担当

職員同士の連携といったこともより容易となると考える。

3 行政管理会計の３つの登山口

　行政管理会計を考えていく場合，どこから考えるかにより，３つの登山口がある。政策から入るのか，会計から入るのか，業務から入るのかの３つの登山口である。

　政策の登山口から入った場合，すぐに問題となるのが，政策評価である。一見，政策評価は行政の成果を示すものとして，企業における利益のアナロジー（類推）として理解したくなる。しかし，政策評価論はとにかく難しいし，個々の政策評価にも時間がかかる。このような，いわば政策評価の森は非常に深いし，鬱蒼としている。残念ながら，そこから抜け出るのには相当の労力が求められると思われる。

　次に，会計の登山口である。ここから入った場合，最初は気持ち良く進む。しかし，そのうち，財務会計的な様式美の世界から徐々に離れ，雑多な行政実務の混沌とした世界が広がってくる。行政実務の森がだんだんと深まってくるのである。この森は，行けば行くほど整理しにくくなると感じられると思われる。会計から入って，いつまでも会計でしか行政を語らないケースもあるが，大概がこのルートを通ったが故のような気がしてならない。

　これらに対し，業務の登山口から入った場合，すなわち，具体的な業務から行政管理会計を考えていくルートの場合，いくつかある森の深さはそれほどでもないように思われる。政策評価の森は，ここでのように，政策の企画立案部分をとりあえず横に置いて考えることにより，それほどの問題は生じない。また，会計の森も出てくるが，混沌とした業務の森が徐々に深まり，鬱蒼としてくるのとは異なり，会計の森が深まることは，徐々に様式美すら感じられて美しいし，何より理解しやすい。

　したがって，行政管理会計に対する理解は，具体的な業務から始め，徐々に抽象度の高い分野に対象を拡大していくことが適当であると思われる。行

政実務家であれば，やはり，業務の登山口から登るべきであろう。

4 意思決定会計と業績管理会計

　これまでみてきたように，管理会計論はさまざまな手法の集合体の観を呈している。このため，これらの手法の集合体をどのように理解するのかという観点から，手法の体系的な整理といった管理会計の体系論も課題となる。この点については1950年代から70年代にかけて主に議論されてきた[1]。

　管理会計論では現在，世界的には，戦略的計画，マネジメント・コントロール，オペレーショナルコントロールという体系が一般的である。この体系には，BSC（バランスト・スコアカード）をはじめさまざまな管理会計手法をはめ込みやすいメリットがある。これに対して，わが国では意思決定会計と業績管理会計という区分を支持する研究者も多い。しかし，意思決定会計に位置づけられる手法の数はかぎられており，そのため，この区分の実質的な意味をめぐってはさまざまな立場があり得る状況である。

　管理会計体系論に関して，行政管理会計の文脈では，わが国行政が置かれた状況を前提に，当面，どのような体系論で考えればよいかが重要であると考えたい。著者の暫定的な立場は，わが国行政において管理会計を活用する観点からは，意思決定会計と業績管理会計という区分が望ましいと考える。

　わが国行政は今後，長期間にわたる財政制約を前提にせざるを得ない。しかも，人口減少というさらなる制約条件も加わる。そこではさまざまな投資の意思決定が課題となる。債務残高の少ない人口増加社会であれば，多少の間違った投資でも将来の成長等で吸収可能である。しかし，今後のわが国社会にはその余裕はない。

　以上をふまえれば，投資の意思決定の重要性と将来への影響を示す観点から，意思決定会計という区分をあえて設ける意味があると考える。国・地方

---

1 ）管理会計体系論については，大西・梅田（2018）で端的に整理している。

を通じて公会計が概成され，減価償却費の認識が一般化している。このため，問題のある投資決定が将来の足枷となり得るとの認識が一般化しつつある。また，意思決定の際にも，さまざまな選択肢の慎重な比較が重要になってきている。投資こそが，投資の意思決定こそが「こわい」という点を強調するためにも，わが国行政においては意思決定会計を区分する意味があると考える。

そしてまた，行政において業績管理会計を区分することの意味もあると考える。この区分により，行政における執行管理の重要性と専門性に焦点を当てることができるからである。後述のように，予算管理や方針管理，目標管理，責任会計，戦略マップ，ロジック分析等からなる「目標達成活動」が行政の盲点となりやすい。業績管理会計を区分することで，このような「目標達成活動」に焦点を当てることが可能になると思われる。行政はきちんと執行されなければほとんど意味をなさない。業績管理会計という区分を設けることでこの点が強調できるのであれば，目的論的に考え，あえて区分する意味はあると考える。

5　行政の弱点―「目標達成活動」

昨今，行政では戦略という用語が多用され，一般化している。たとえば，成長戦略や経営戦略などである。用語は異なるものの，独立行政法人の中期計画などもこれに含まれよう。しかし，文章としての戦略が策定され，目標となる数字は定められているものの，目標値を実現するための方法論が示されていない戦略は数多い[2]。

行政でも戦略の策定が一般化した今日では，戦略の実行プロセスが課題となってきており，そこでは，目標を達成するために具体的に必要となる活動を考えていくことが求められている。ここでは，これに役立つ管理会計手法，

2）個別名の言及は控える。

具体的には，予算管理，方針管理，目標管理，責任会計，戦略マップ，ロジック分析，KPI等（さらには基盤としてのPDCAを含め）を「目標達成活動」としてまとめることとする。

　これらの管理会計手法は，別々に理解し，それぞれに手法の適用を検討することが適当であるとは思われない。むしろ，現在の行政が置かれた環境をふまえ，手法群の全体を理解し，必要に応じて組み合わせて活用することが望ましい（詳細は大西（2018b）を参照）。

　行政全体でみれば，戦略は無数にある。これらについて，それぞれに戦略の実現のための「目標達成活動」を考えてもらう必要がある。目標の達成に向けて，さまざまな管理会計手法を用いつつ，いかに努力し，実現していくか。これらの「目標達成活動」において特に重要となるのが，4で触れた戦略的計画，マネジメント・コントロール，オペレーショナル・コントロールの各レベルの目標を連鎖させ，それぞれの間に，目的・手段関係や因果関係仮説を構築することである（詳細は大西 2018bを参照）。そして，この目的・手段関係と因果関係仮説をもとにPlanが策定され，PlanをもとにPDCAが回ることとなる[3]。

　一般的に，行政では，この「目標達成活動」が非常に弱い。なぜなら，政策の企画立案部局（行政の中心部）や執行部局（内環部）のように，収益がない場合が多いため，収益を中心に組み立てられる管理会計手法の集合である「目標達成活動」はどうしても縁遠くなりやすい。そして，そこでは，方法論が明確に意識されていないため，目標の達成に向けた努力が甘くなりやすいのである。

6　管理会計導入における行政の迷走

　管理会計の導入に際して，残念ながら，行政は迷走しやすい。ここでは，

---

[3] PDCAではPlanが一番大事である。Planがしっかりしていなければ，Checkができない，その結果，PDCAが回らないこととなる（大西・福元 2016c）。

図表 I-7-2 関係者により異なる見方

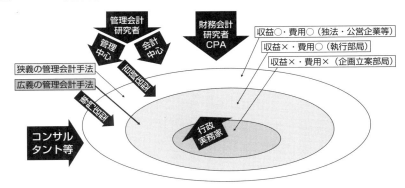

出所：大西（2017a, p.9, 図3）より。

その構図を描く。問題の根っこには関係者それぞれにさまざまな見方があることがある。なお，関係者には，行政実務家，公認会計士（以下，CPAという），財務会計研究者，管理会計研究者，コンサルタント等が存在する。関係者の相対的な位置関係を示せば，**図表 I-7-2**のとおりである。

まず，行政実務家である。一番多いのは政策の企画立案者としての見方である。行政の中心部から考える見方であり，政策の執行には思慮が及びにくい。議会等との調整役を重視する見方もこれと似ている。また，財政当局のように財政収支を中心に考える見方もある。管理会計は長い目でみれば効果的・効率的な行政運営に役立つが，即効性は薄いため，財政当局の後押しが得られないことが実に多い。さらに，行政のマネジメントからみる立場もあるが，これは2つに分かれる。第1に，法令の適切な執行に関心がある，法学的・制度的なマネジメントを中心に考える立場である。第2には，行政の執行の特徴を理解したマネジメントも考えられないではない。しかし，行政管理会計が共通言語として成立していないことが多い。そして，従来のマネジメントの否定に聞こえるから嫌だという立場もある。成功体験のある組織ほど，この傾向は強い。この点は，行政では根深い課題である。最後に，単に嫌なものは嫌という方々である。管理会計は合理性を強調することが多く，

合理的であるが故に反発を感じる人も少なくない。どの時代にも一定程度はいると思われる。

　次に，財務会計研究者やCPAである。公会計（財務会計）の整備はこの20年，営々と取り組まれてきた。そこでは，財務会計研究者やCPAが非常に大きな足跡を残している。彼らは会計知識の普及を図る立場でもあることから，その活動は公会計（財務会計）それ自体の完成に主眼が置かれ，会計をどのように用いるかといった視点は劣後しやすい傾向がある。

　そして，管理会計研究者である。管理会計研究者には会計との距離感の違いからくる2つの立場がある。会計を中心に考えるのか，管理を中心に考えるのかである。前者の会計中心の考え方に立てば，公会計（財務会計）の完成を待って管理会計の議論が始まるということになり，管理会計は今後の展開となる。対して，後者の管理中心の考え方に立てば，行政管理会計という発想は出てきやすいが，そこには管理会計研究のスタイルの違いからくる立場もある。何でもこなす百貨店型の研究者もいれば，専門店型の研究者もいる。後者の場合はどのような状況でも自らの専門とする手法を主張する傾向がある。

　また，コンサルタント等には特定の手法等を推奨する傾向が強いように思われる。コンサルタントの活躍は，個々の管理会計手法等の議論に幅を与えるという意味では否定されるべきものではないが，行政の課題に直接応えているかという点ではさまざまな議論もあり得よう。

　以上，関係者により異なる見方があることを概観したが，このことから，行政管理会計の導入に当たっては，関係者がそれぞれの見方でお互いに違うものをみて議論してしまう可能性がある。そこにコミュニケーションギャップが生じるのである。そのうえ，企業の場合には，収益増大・費用削減・利益確保の要請が強く働き，これが強い推進力となり，企業内での合意形成も容易である。これに対し，行政の場合には，このような推進力がない。このため，議論が迷走しやすいのである。

　しかも，ここでとりわけ留意すべきだと思われることに，行政管理会計を消極的に考える行政実務家が，さまざまな意見をもつCPAやコンサルタント，

会計研究者のうちから，自説に都合のよい意見のみを聞き出し，これを取り上げ，関係者に触れ回ることはよく見受けられる。そもそも議論が迷走しやすいなかで，行政実務家間の方向をめぐる議論[4]に，関係者全体が巻き込まれることとなる。ここに，行政の迷走が始まるのである。

7 行政実務家と管理会計研究者との交流の重要性

ここでは，行政実務家と管理会計研究者との交流の重要性について言及する。最初に，行政実務家にとっての意味を，次に，管理会計研究者にとっての意味を述べる。

まず，行政実務家にとっての管理会計研究者との交流の意味である。著者の感覚から述べ始めて恐縮だが，行政には数多くの人材が存在する。政策の企画立案という行政の中心部は当然であるが，執行部局といった行政の内環部，あるいは，独立行政法人や地方公営企業のような行政の外環部にも多くの人材が存在する。なかには経営管理者的なセンスをおもちの方もそれなりの数で存在する。こういう方々にいかに管理会計の有用性に気づいてもらうか。実務で使えるだけのエッセンスを身につけてもらうか。ここが，行政実務家が管理会計研究者と交流する最終的な目標となろう。

そして，ここに至るためには，行政実務家のなかにも先導者が必要となる。先導者には管理会計にそれなりに通暁した人材が望ましい。現在，行政には多くのコンサルタント等が入ってきている。もちろん，否定されるべきではない。しかし，次から次へと，手を変え，品を変えという感じは否めない。個々の行政組織で管理会計をうまく根づかせるためには，右に左にブレるのは致命傷となる[5]。そのため，先導者には，次から次に来る新しい言葉にブ

4）それぞれの組織内をみれば，管理会計の導入は組織運営をめぐる路線闘争と言える。その意味で，管理会計は実務家にとっては闘いとなる。

5）組織変革への耐性をつけてしまうためである。

100

レないような管理会計の知見が求められる。したがって，先導者になり得る方々と管理会計研究者との交流がまず求められよう。そこでは，各実務家が体感しているそれぞれの事業や業務の背後に流れるビジネスの論理のようなものを管理会計の概念で昇華させることが求められると思われる。先導者となり得る，管理会計に通暁した行政実務家[6]が，執行部局に数人，独立行政法人に数人，地方公営企業等に数人，計10人程度が存在すれば，わが国行政は局面が変わることとなろう。わが国行政に先導者になり得る人材はいる。今後求められるのは，これらの人材への管理会計教育なのである。

　次に，管理会計研究者にとっての行政実務家との交流の意味である。研究に際して確かに行政の中心部は華やかであり，まずは行政の中心部からとなりやすいことは否めない。しかし，そこでの主流はEBPM（証拠に基づく政策形成）等の経済学的手法であり，管理会計と親和性のある議論は残念ながら少ない。管理会計研究者は，むしろ，行政の内環部や外環部にそれなりの数で存在する行政実務家との交流を目指すべきではないかと思われる。そこには，博士号を有するような専門技術者との交流も含まれよう。いずれにせよ，それぞれの事業や業務の背後に流れるビジネスの論理のようなものを管理会計の概念で昇華させるような行政実務家との共同研究が求められている。アクションリサーチ（大西 2010a, pp.286-289）ということもできよう。このような研究は，実学としての管理会計論の今後の発展に直結すると考える。とりわけ，経済全体に占める行政活動の存在感をふまえれば，それが管理会計の対象に入ってくることのインパクトは大きなものであることは容易に理解されよう。

8　推進力としての自治体議員の関心[7]

　先述したように，収益増大・費用削減・利益確保の要請が管理会計導入の

---

6 ）昨今の大学院教育を前提とすれば行政実務家Dr.ということになろう。

7 ）本節は『月刊 地方財務』の原稿にあえて改変を加えていない。

図表Ⅰ-7-3 期待される今後の交流

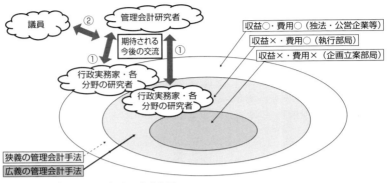

出所:大西(2017a,図4)より著者修正。

　強い推進力となる企業の場合とは異なり,行政の場合には管理会計の導入には強い推進力が存在しないという問題がある。そこで,行政管理会計の導入に向けた推進力として,自治体議会の議員のスタンスが極めて重要になる。自治体の職員たる行政実務家が,七転八倒しながら行う取組みを,靴底を擦り減らしながら汗をかきかき行う取組みを,さらには,管理会計研究者とともに脳漿を絞りながら行う取組みを,自治体の議員さんには是非とも応援をしていただきたい,関心をもっていただきたいと考える。これは,**図表Ⅰ-7-3**でいえば②の部分である。

　わが国行政に人材はいる。ここで述べたように,管理会計には方法論もある。管理会計教育も今後は期待できよう。足りないのは,自治体の議員さんの関心である。議員さんには行政のマネジメントそのものに是非関心をもっていただきたい。これが著者の主張である。

第Ⅰ部・引用文献

赤尾洋二編著（1989）『方針管理活用の実際』日本規格協会。

アメーバ経営学術研究会編（2017）『アメーバ経営の進化―理論と実践』中央経済社。

飯塚悦功監修，長田洋編著，内田　章・長島牧人著（1996）『TQM時代の戦略的方針管理』日科技連出版社。

石川　馨（1984）『日本的品質管理　増補版』日科技連出版社。

石川　馨（1989）『品質管理入門　第3版』日科技連出版社。

伊藤和憲（2007）「戦略目標と戦略的実施項目のカスケード」『専修商学論集』No.84，pp.79-87。

伊藤和憲（2014）『BSCによる戦略の策定と実行』同文舘出版。

井堀利宏（2008）『「歳出の無駄」の研究』日本経済新聞社。

愛媛県総務部総務管理局市町振興課（2017）『行革甲子園2016』。

大西淳也（2010a）『公的組織の管理会計』同文舘出版。

大西淳也（2010b）「公的組織における管理会計手法等の導入にかかる論点の整理」『PRI Discussion Paper』No.10A-11。

大西淳也（2017a）「管理会計を行政に拡張する場合の課題」管理会計学会全国大会発表，8月。

大西淳也（2017b）「自治体の議員・職員のための行政管理会計入門（1）　総論」『月刊 地方財務』No.759, pp.78-88。

大西淳也（2017c）「自治体の議員・職員のための行政管理会計入門（2）　収益」『月刊 地方財務』No.760, pp.158-168。

大西淳也（2018a）「自治体の議員・職員のための行政管理会計入門（終）　全体像と今後」『月刊 地方財務』No.766, pp.120-129。

大西淳也（2018b）「目標達成活動についての論点の整理―戦略の策定から戦略の実行プロセスへ」『PRI Discussion Paper』No.18A-08。

大西淳也・福元渉（2016a）「KPIについての論点の整理」『PRI Discussion Paper』No.16A-04。

大西淳也・日置　瞬（2016b）「ロジック・モデルについての論点の整理」『PRI Discussion Paper』No.16A-08。

大西淳也・福元渉（2016c）「PDCAについての論点の整理」『PRI Discussion Paper』No.16A-09。

大西淳也・梅田　宙（2018）「責任会計についての論点の整理」『PRI Discussion

Paper』No.18A-01。

大野耐一（1978）『トヨタ生産方式―脱規模の経営をめざして』ダイヤモンド社。

貝塚啓明（2003）『財政学　第3版』東京大学出版会。

岸良裕司（2007）『三方良しの公共事業改革』中経出版。

樫谷隆夫編著，財務省財務総合政策研究所編（2016）『公共部門のマネジメント―合意形成をめざして』同文舘出版。

北村浩一（2006）『J.O.マッキンゼーの予算統制論』中央経済社。

小林麻里（2012）「第2章　政府会計の基礎概念」大塚宗春・黒川行治責任編集『政府と非営利組織の会計（体系現代会計学第9巻）』中央経済社。

小村　武（2002）『予算と財政法　三訂版』新日本法規出版。

櫻井通晴（2015）『管理会計　第六版』同文舘出版。

櫻井通晴・伊藤和憲編著（2017）『ケース管理会計』中央経済社。

総務省HP（2017a）「業務フロー・コスト分析に係る手引き」11月アクセス。〈http://www.soumu.go.jp/main_sosiki/gyoukan/kanri/koukyo_service_kaikaku/kouhyou.html〉

総務省HP（2017b）「業務フロー・コスト分析実施結果」11月アクセス。〈http://www.soumu.go.jp/main_sosiki/gyoukan/kanri/koukyo_service_kaikaku/gyomuflowcost-kekka.html〉

DIAMOND ハーバード・ビジネス・レビュー編集部（2007）『組織能力の経営論』ダイヤモンド社。

谷守正行（2015）「銀行原価計算の適合性の歴史と課題―成長戦略に資する銀行原価計算の要件」『専修大学会計学研究所報』No.30, pp.3-51, 巻頭pp.1-2。

田中雅康（2002）『利益戦略とVE―実践原価企画の進め方』産能大学出版部。

内藤　耕（2010）『サービス産業生産性向上入門―実例でよくわかる！』日刊工業新聞社。

日経ものづくり編（2006）『ものづくりの教科書　革新のための7つの手法』日経BP社。

沼上　幹（2009）『経営戦略の思考法―時間展開・相互作用・ダイナミクス』日本経済新聞社。

野中郁次郎・竹内弘高著，梅本勝博訳（1996）『知識創造企業』東洋経済新報社。

藤野雅史（2009）「公的部門における管理会計の統合プロセス」『会計プログレス』No.10, pp.84-100。

藤本隆宏（2001）『生産マネジメント入門I』日本経済新聞社。

町田市HP（2017）「自治体間ベンチマーキング概要」12月アクセス。

〈https://www.city.machida.tokyo.jp/shisei/gyousei/keiei/benchmarking/
citybenchmarking.html〉

三菱UFJリサーチ&コンサルティング（2010）『民間企業等における効率化方策等（業務改革（BPR）の国の行政組織への導入に関する調査研究』総務省HP〈http://www.soumu.go.jp/main_content/000078231.pdf〉。

門田安弘（2006）『トヨタプロダクションシステム―その理論と体系』ダイヤモンド社。

山名一史（2017）「『エビデンスに基づく政策形成』とは何か」『ファイナンス：財務省広報誌』Vol.53, No.5, pp.76-84。

山本政樹（2015）『ビジネスプロセスの教科書』東洋経済新報社。

渡辺康夫（2014）『図解　管理会計入門』東洋経済新報社。

Drucker, P.F.（1966）*The Effective Executive*, Harper Collins Publishers.（上田惇生訳『ドラッカー名著集1　経営者の条件』ダイヤモンド社, 2006年）

Hammer, M. and J. Champy（1993）*Reengineering the Corporation*, Linda Michaels Literary Agency.（野中郁次郎監訳『リエンジニアリング革命―企業を根本から変える業務革新』日本経済新聞社, 1993年）

Hope, J. and R. Fraser（2003）*Beyond Budgeting*, Harvard Business School Press.（清水 孝監訳『脱予算経営』生産性出版, 2005年）

Johnson, H.T. and Kaplan, R.S.（1987）*Relevance Lost*, Harvard Business School Press.（鳥居宏史訳『レレバンス・ロスト』白桃書房, 1992年）

Kaplan, R.S. and D.P. Norton（2004）*Strategy Maps*, Harvard Business School Press.（櫻井通晴・伊藤和憲・長谷川惠一監訳『戦略マップ 復刻版』東洋経済新報社, 2014年）

Kaplan, R.S. and D.P. Norton（2008）*The Execution Premium : Linking Strategy to Operations for Competitive Advantage*, Harvard Business School Press.（櫻井通晴・伊藤和憲監訳『バランスト・スコアカードによる戦略実行のプレミアム―競争優位のための戦略と業務活動とのリンケージ』東洋経済新報社, 2009年）

Womack, J.P. and D.T. Jones（1996）*Lean Thinking : Banish Waste and Create Wealth in Your Corporation*, Simon & Schuster.（稲垣公夫訳『リーン・シンキング』日経BP社, 2003年）

第 II 部

国の地方局Ａにおける取組事例

第Ⅱ部 国の地方局Aにおける取組事例

第Ⅰ部では行政管理会計の基礎について概説した。第Ⅱ部では，国の地方支分部局（地方局）Aにおける管理会計実践を概観する[1]。なお，地方局Aの事例は匿名の扱いとする。また，数字は架空のものであるが，趣旨は変えていない。

ここで，地方局Aの事例を本書で示す趣旨を明らかにしておく。それは，事務量マネジメントを活用した地方局Aでの取組みが，国民，職員，当局にとってのWin-Win-Winの関係となることを示すことにある。細かいところは行政組織によって多少は異なるかもしれないが，全体としてはここに示すようなものとなる。そして，何より，職員のワークライフバランスを向上させつつ実施されていることがポイントである。なお，事務量マネジメントは，第Ⅱ部では人日（にんにち）管理と称している。

ここでの記述は，他の一般的な行政で活用されることを期待している。実践に当たっての重要なノウハウ，実践から得られた教訓をできるだけ示すようにしている。樫谷ほか（2016）[2]を併せて参考されたい。

---

[1] 第Ⅱ部の記述は，第1章を大西淳也が，第2章以下を竹本隆亮が担当した。
[2] 書誌情報については，第Ⅰ部の引用文献欄を参照のこと。

第1章

取組みの基本的視点

1 地方局Aにおけるα年度の取組みの全体像

　ここでは，α年度における地方局Aでの具体的な取組みの全体像を整理して述べる。さまざまな取組みが行われたが，そのすべての間を事務量がとりもっていることが注目される。

　まず，地方局Aが属する国の執行機関Xには，職員がどのような事務区分に従事したのかを1時間等の単位で記録する事務量分析が行われていた。また，事務の適正化・効率化を目的として事務改善提案制度も設けられていた。さらに，関係者へのルール徹底のために必要な特定事務の事務量確保も課題となっていた。しかし，これらは連動してはいなかった。

　このようななかで，特定事務以外のその他の事務が増加してきていた。また，育児・介護等の必要から職員のワークライフバランスの要請も切実な課題となってきていた。

　そこで，地方局Aでは，第Ⅰ部の事務量マネジメントの要領で，これらを連動させる取組みを行った。すなわち，事務量分析を徹底するとともに，事務改善提案によりその他の事務を効率化し，それらにより捻出できた事務量を，職員のワークライフバランスとともに，組織戦略に従って，特定事務の増に充てることとしたのである。

　以上の取組みをまとめれば，**図表Ⅱ-1-1**のとおりである。相互に関連づけ

図表Ⅱ-1-1　α年度における地方局Aの取組みの全体像

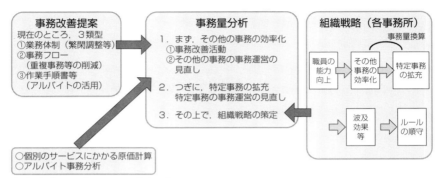

出所：樫谷ほか（2016, p.70, 図表2-1）より。

て考えられていることが注目される。なお，詳細は樫谷ほか（2016, 第2章）を参照されたい。

事務改善提案は他の行政組織でも取り組まれているが，第Ⅰ部6章で述べた標準の概念が意識されていない取組みが多い。地方局Aでは，標準を意識した事務改善提案活動を行った結果，3類型の改善提案が多数提出された[3]。また，第Ⅰ部6章でみたように，事務量を意識したマネジメントを行っている行政組織もあるが，事務改善提案や組織戦略と連動させている行政組織はほとんどない。地方局Aでは，事務改善提案のみならず，組織戦略を関連づけることにより，特定事務の質量の向上を図った[4]。

この取組みに当たって，事務量が捻出できなければ何ともならないことから，事務改善提案の掘り起こしを先行させ，増加分を含む特定事務をどう活

---

[3] 3類型とは，まず，効率的な業務体制の確立とされる類型で，業務の見える化・情報の共有化による繁閑調整の密なる実施や職員の多能化の推進等である。次に，事務フローに着眼する類型で，ついでにできる事務等の実施や共同作業の推進等である。そして，作業手順書等の作成に着眼する類型で，新人やアルバイト職員の活用等を内容とする。詳細は樫谷ほか（2016, 第2章）を参照のこと。
[4] 一部の個別のサービスについて限定的に原価計算を試行してみたが，職員の感覚に合わなかったことから根づかなかった。

用するかという観点からの組織戦略の実施につなげていった。その際，当時の地方局Aのトップマネジメントによれば，職員のワークライフバランスの要請に配意するとともに，組織の価値観の強調に努めたとのことである。

2 天の利，地の利，人の利

　最初に，地方局Aでの実践に当たっての外的条件をみておきたい。ひとことで言えば，タイミング，行政組織，担い手の3つがピタッとはまった感じがあったとのことである。ここでは，天の利，地の利，人の利と表現する。

　まず，天の利である。働き方改革が喧伝されるようになって久しい。しかも，職員の間でも，育児や介護等のニーズは非常に高いものがある。さらに話を聞いてみると，そのニーズは女性職員からのみではない。共働き世帯の男性職員はいうに及ばず，さまざまな事情を抱えた職員は非常に多い。職場としても，できるかぎりの工夫をして，応えていかねばならない。

　そのためには，行政においてもいわゆる生産性を向上させ，残業の圧縮や，年次休暇の取得容易化などに取り組まねばならない。職員のワークライフバランスを向上させていくためには，行政の効率性・効果性の向上に努め，いわゆる生産性を向上させていくしかないのである。他に手段はない。現在のこのような時勢は，地方局Aにおける取組みにとって，ちょうど良いタイミングだったのである。なお，この条件は他の行政組織でも同じであろう。

　次に，地の利である。事務量マネジメントの基本形が当てはまるような，事務量が重要となる行政組織は多い。そういうなかで，地方局Aの属する行政組織Xでは，職員が事務区分別に従事した時間を記録する事務日誌といった取組みがすでに行われていた。これは事務量マネジメントの基本形がピタッと当てはまる行政組織であることを意味する。そういう点で，地方局Aは，地の利のある組織であったのである。なお，このような条件が当てはまる行政組織は少ないかもしれない。その場合には，第Ⅰ部に示すような手順で事務量マネジメントを導入していく必要があろう。

111

加えて，人の利である。事務量マネジメントのような取組みはいわばパラダイムの転換を伴う。従来とは異なる考え方が求められるのである。したがって，そのようなパラダイムの転換に強い職員がそれなりの数で必要となる。地方局Aにおける取組みでは，パラダイムの転換に強い職員を何人か発掘できた。しかも，彼ら彼女らの強いリーダーシップにも恵まれた。彼ら彼女らは，従来の発想の延長線上の取組みのみに長けた職員ではなかった。いわばガン・ドン・ズドンのみが得意な職員ではなかったのである。彼ら彼女ら，パラダイムの転換に強い職員がコアメンバーとなり，リーダーシップを発揮しつつ，取組みを推進していってくれたのであった。このコアメンバー方式については④で後述する。なお，このように，職員のなかにパラダイムの転換に強い職員が存在することは，他の行政組織においても同じであろう。

　地方局Aにおける取組みでは，以上のような，天の利，地の利，人の利に恵まれることができた。その結果，冒頭に述べたように，この取組みが，国民，職員，当局にとって，Win-Win-Winの関係を構築していく架け橋として部内に浸透していくことができたとのことであった。

3　3度目の正直という経緯

　地方局Aの取組みには，実は前史があるとのことであった。以前の取組みでは，事務量マネジメントを中心に，ミクロとマクロへの展開を図るという点では基本は同じであったが，アプローチが違っていたのであった。

　最初の取組みは，原価計算サイドにより過ぎてしまったという課題があったとのことである。すなわち，非常に手間のかかる事務区分別の原価計算に戦力を投入し過ぎてしまい，失敗してしまったのである。しかも，業務との連携が弱かったことから，行政現場の支持が得られないという問題もあった。

　管理会計用語で言えば，活動基準管理（ABM）は，活動基準原価計算（ABC）への連想が伴ってしまうことに気をつけるべきであった。コンサルタント等においては，何はともあれ，まずはABCの計算を勧める傾向がある。

一方，業務との連携は，実のところ，行政実務家の発想が一番豊かで，かつ，応用も効く。このことに考えが及ばなかったのである。管理会計の実践に当たっては，このような原価計算の吸引力には気をつけるべきという教訓が得られたのである。

このような反省をふまえ，次の取組みにおいては，業務からの発想を優先させたとのことである。しかし，そこでは残念ながら進め方に課題があった。これをひとことで言えば，旗を振る人間がすべてを説明してしまい，しかも，そこでは，言葉が多過ぎて失敗したのであった。旗を振る人間がすべてを説明するということは，反対派にとって文句をいう対象が，任期の短い1人に絞られるということである。任期後を含めて考えれば，いくらでも巻き戻しの動きが可能となる。また，言葉が多いということは，説明者の思考が整理されていないということである。あれこれそれと，違う言葉で，違う方法で説明しているということであるからである。これらの結果，任期後に巻き戻しの強い動きなどが生じてしまったのである。

先述したように，行政における在任期間は残念ながら短い。したがって，その短い在任期間をふまえ，一般論を用いつつ，言葉は整理したうえでできるかぎり少なくし，かつ，コアメンバー（後述）を育成して，彼らに動いてもらうべきであった。これは，実践を通じた，非常に貴重な教訓となったのであった。これらの点を反省し，地方局Aでは3度目の正直という気持ちで臨んだとのことである。以上が地方局Aでの取組みの前史である。

4 「時間軸，コアメンバー方式」という戦略

地方局Aへの赴任に先立ち，事前に，某大学における専門家同士の研究会で相談したとのことであった。そこでは，行政組織においてはリーダーシップの期間が短いという課題があることをふまえ，次から次へと面的に説得していくという空間軸での戦略をとった場合には時間切れになってしまう可能性が高い。このため，空間軸での戦いではなく，実践できるコアメンバーを

育成し，自律的に展開していくことが期待できるような時間軸での戦いに持ち込むという戦略の発想が得られたとのことであった。

　以下で，少し丁寧に説明すると，行政の場合，幹部の人事異動は非常に多い。これは，リーダーシップの期間が短いことを意味する。しかも，行政にはさまざまな専門職を含む職種が存在し，それぞれに考え方が違う可能性も高い。このため，組織内の合意もすぐにはとりにくいという課題もある。このようななかで，関係者を次から次へと説得していく空間軸での戦略をとった場合，関係者全員の説得には膨大な時間がかかってしまい，時間切れ等の問題から失敗する可能性が高いのであった。

　そこで，時間軸という戦略をとることにしたとのことであった。時間軸という戦略をとる以上，地方局Aでの実践の継続こそがプロジェクトの生命線であり，継続することに，自律的に展開していくことに，すべての力を注がなくてはならなかった。このような観点から，独自の用語を用いることはできるかぎり封印し，管理会計の一般論をふまえた説明を端的に行うことを意識し，かつ，地方局Aの部内で担い手となって継続的に旗を振ってもらうコアメンバーに活躍してもらう，「時間軸，コアメンバー方式」を採用したのであった。

　コアメンバーといっても，コアメンバーとして何人かを指定すれば自動的に動き出すものではない。ヒトの頭ほど固いものはないからである。そこでは，コアメンバー自身が自ら学ぶプロセス，ストンと腹落ちするプロセスが非常に重要であり，そのプロセスを大事にする必要があったのである。さまざまな疑問をもち，それが氷解していくプロセス，しかもそれがコアメンバー間で行われるように仕向けることが非常に重要なのであった。言ってわかるものではない，言ってわからせるものでもないのである。

　前史として述べた失敗事例において，当時，指摘したものの，最終的には時間切れでできなかった，特定事務内での事務の見直しなどのポイントもあったが，地方局Aにおける取組みでは，自然発生的にその論点に到達できた。コアメンバー方式の有効性があらためて実感できたとのことであった。

114

5 行政内部の動き

　ここでは，行政内部の動きについて記述する。複雑なところもあるので，かなりデフォルメして描いている。

（1）地方局Aにおける動き

　地方局Aの内部での動きについての詳細は以降の章に委ね，地方局Aにおける取組みにおいて，トップマネジメントの立場からどのような点に配意しつつ取り組んでいったのかについて記述する。事務量マネジメントのような行政管理会計の実践の観点からは，地方局のトップマネジメントは非常に重要な役回りを演じることができるとのことであった。行政の現場からの距離がある程度近く，かつ，全体を見渡せるからである。

　事務量マネジメントの実践で極めて重要となるのは組織の価値観である。職員の気持ちを同じ方向に向ける方向づけ（アラインメント）のための推進力となるからである。どのような行政組織であれ，何らかの価値観は存在する。当該組織に存在している言葉のなかで，何が推進力となり得る価値観なのか，これを考えるのは行政組織の上層部にとっての重要な役割となろう。

　そして，事務量マネジメントを強調するに際しては，その趣旨を強調する必要がある。とりわけ，当該行政組織の組織戦略の明示，組織戦略との関係性の明確化などが重要なポイントとなる。何を指し示すのか。検討段階での取組みはともかく，実施段階での組織戦略の明示やそれとの関係性の明確化などは，地方局のトップマネジメントの非常に重要な役割であると考える。

　さらに，事務量マネジメントについては，ミクロの事務改善提案などによる事務効率化や，マクロの組織戦略との関連，さらには職員のワークライフバランスとの関連など，全体像も併せて示していくことが望ましい。なぜなら，事務量の把握や記録という手間が，その先でどのような形で職員に返ってくるのか，行政の効率性・効果性の向上につながっていくのか，職員にわ

かってもらう必要があるからである。

　コアメンバーには，一般の職員に先行して事務量マネジメントを理解し，一般の職員を説得して協力をとりつけてもらうという役回りがある。そこに至るためには，コアメンバーにとっては先述のような腹落ちするプロセスが重要である。そして，トップマネジメントには，その動きを促進するとともに，そこでのそれぞれのコアメンバーの動きを観察し，彼ら彼女ら個々人に適した次の役割を用意していく役目があるのである。

　また，コアメンバー間の議論では，どうしてもやむを得ないことであるが，問題意識や用語が拡散する可能性が見え隠れする。インプットしたばかりの段階では，どうしても思考が拡散しやすいのである。しかし，コアメンバー間の理解が拡散したままプロジェクトが先に進むと，理解の拡散・混乱がプロジェクトの混乱につながりかねない危険性もある。したがって，地方局Aにおける取組みにおいて，トップマネジメントは，これらの点について，そうならないように格段の注意を払ったとのことであった。つまり，コアメンバーの最初の理解が十分か，メンバーによって異なっていないかなどについて，格段の注意を払ったのである。

　その後，地方局のトップマネジメントにおいては，事務量マネジメントの旗を振りつつ，その過程で，局内・局外にアンテナを高く張り，とりわけ，地方局内には聴診器を当てる感じで微細な異音を感じ取りながら，反応を測っていくことが必要であったとのことである。すなわち，第2章以下で述べているような動きがうまくかみ合っているかについて，さまざまなポイントからの反応で慎重に測っていくことが重要であり，事務量マネジメントの推進の動きが空回りしていないか，注意する必要があるとのことであった。

　このように，事務量マネジメントの旗を振りつつ，一方で，代弁者・コアメンバーの組織内への働きかけの度合いや，考え方の浸透度合いを測ることが重要である。そして，同時に，もう一方で，プロジェクトそのもののスピード感を調整していくというイメージをもつこともまた重要であるとのことであった。たとえば，地方局Aの事例では，取組み当初，組織戦略との関連

づけが弱く，特定事務の事務量の増加分をどのように活用するかに課題がみられた（樫谷ほか 2016, p.69）。そこで，課題の把握後，時間を置かずに，組織戦略の基本パターンを自ら主導して描いていったとのことである。プロジェクト開始後はコアメンバーが中心となって動くことが望ましいが，同時に，適宜適切なタイミングでのテコ入れは，地方局のトップマネジメントの重要な役回りであると思われる。

　事務量マネジメントのようなプロジェクトを推進していった場合，どのような場合でも残念ながら反対派は必ず存在する。これまでの事務運営や仕事のやり方などを否定されているように感じ，面白くないという感情が生じるからである。人間である以上，これはやむを得ない。その結果，言質取りや矛盾の指摘，揚げ足取りなど，まったく異なるレベルの批判を含めて反論してくる。その際に，ひるんだり，なあなあで終わらせようとすると，反対派に勢いを与えることになりかねない。ここが踏ん張りどころ，勝負どころと思い，対応する必要がある。地方局Aのトップマネジメントにおいても，ある会議の席上，このような動きの表れと判断し，強く臨んだことがあったという。後味という点では思うところがあるものの，プロジェクトの推進のためにはという思いもあり，いまだに悩ましく思っているとのことであった。いずれにせよ，繰り返しとなるが，ヒトの頭ほど固いものはない以上，反対派は当然に存在すると思っておくのが適当であろう。

（2）国の執行部局Xの反応

　地方局Aにおける取組みに際して，国の執行部局Xの幹部からの支持が得られればそれに越したことはない。しかし，Xの主要課長以上の幹部職員には積極派もいれば，消極派もいる。積極派がたまたまトップマネジメントのなかのトップ層に存在しており，プロジェクトの支持が得られたとしても，異動により消極派に代わってしまうことも容易に起こり得る。したがって，「時間軸，コアメンバー方式」という戦略に基づき，現場での息の長い取組みこそが重要であることは先述した。

ちなみに，地方局Aにおける取組みの開始当時，執行部局Xの幹部にはいろいろな反応があった。たとえば，周りの様子をうかがいつつではあるが，興味はもってくれているタイプもいれば（1〜2割か），中立ないし若干ネガティブだが，「3年続けば本物だね」[5]などとし，門は閉じていないタイプもいる（1〜2割か）。最も多いのが，役職上位者の反応にすぐ染まるタイプであり（5〜6割か），さらに，ダメなものはダメというタイプもいる（1割か）とのことであった。

幹部も組織人である以上，また，幹部は一般的に微妙な年齢であることから，役職上位者たるトップマネジメントのなかのトップ層の反応は皆が気にする状況にある。したがって，Xのトップマネジメントのなかのトップ層のスタンスが非常に重要となる。そのスタンスには，積極派と消極派が存在し，後者が多いような感じであるとのことであった。

「使えるならいいんじゃないか」と積極的に考えてくれるタイプも存在し，こういうケースでは，Xのなかの雰囲気も「球場いっぱいのソウルレッド」の状態になるようである。しかし，残念ながら，ソウルレッドの勢いは長く続かないことも多いようである。

一方，そうではない場合も多いようである。そうなると，Xのなかの雰囲気も一気に凍りつき，まるで「冬の日本海，岩場にひとり」の状態となってしまうとのことであった。

どこの行政組織であれ，幹部は，政治，政策，制度など，ヒトによりみているものが若干異なる。みているものが違う以上，反応が分かれることは仕方がないことではある。しかも，ここでも繰り返しとなってしまうが，ヒトの頭ほど固いものはない。したがって，そのように割り切るしかない，ということなのであろうか。

しかしながら，地方局Aでの取組みが何年も続けば，消極派とて，いずれは認めざるを得ないであろう。言葉によるフワッとしたマネジメントしかし

5）地方局のトップマネジメントが毎年変わるなかで，3年継続することは至難であることを意味する。

ていないのであれば気づかない可能性もあるが，数字によるマネジメントを意識しているヒトであれば必ず気づくはずだからである。したがって，地方局Aでの取組みが続いているかぎり，消極派から積極派へ転向するヒトが増えていく，時間とともに積極派が増え，それが多数派となっていく，とナイーブであるかもしれないが，信じたいとのことであった。

（3）その後の動き

地方局Aにおける取組みは，その後の新しいトップマネジメントの積極的なスタンスにも恵まれ，コアメンバーを中心に継続されていった。そして，「時間軸，コアメンバー方式」という戦略の下，その取組みは現在も継続されているところである。詳細は第2章以下を参照されたい。

ここで，地方局Aにおける取組みの成果を確認しておきたい。成果を数字で示すとなると，どうしても腰だめのおよその数字とならざるを得ないのであるが，そういうレベルの数字であるという留保の下で述べれば，約2～3割の質量の向上ということとなろう。

計算の根拠は以下のとおりである。まず，第4章の**図表II-4-5**などに示されるように，総稼働日数に占める特定事務の割合は，事務系統によって異なるものの，1割強の増となっている。これは主に事務改善活動等によるものである。また，地方局Aにおいては全国的な定員再配置の結果として定員が減少しており，その分のマイナスの影響を受けている。定員削減分は総稼働日数の減となり，その分が特定事務の日数減で調整されるという構図となるからである。そして，この特定事務の事務量割合の外に，特定事務そのものの見直しなどによる行政調査件数の増といった量の向上がある。また，組織戦略との連携に伴う行政調査の深度の改善などの行政の質の向上も期待できる。その結果，質量の向上分を合わせると，両者の積分だけ効果がアップしていることとなるので，約2～3割ということとなるのである[6]。そして，

6）総稼働日数に業務管理部門を含めた場合，この割合は減の方向に動くが，その分を勘案し，低めの数字としている。

何より重要なことだが，残業削減，年次休暇の取得促進等の職員のワークライフバランスへの配慮を行いつつ，このような成果が得られたことは注目されるべきである。

　地方局Aにおける取組みは，実施後，専門家の目線を入れることができた。その結果は，樫谷ほか（2016）にまとめられている。管理会計学者などから構成された「公共部門のマネジメントに関する研究会」の座長である樫谷隆夫先生（公認会計士）は，同報告の「はじめに」において，（地方局Aの事例である）「国の地方支分部局についての事例は，わが国ホワイトカラー分野でみれば，官民を通じ，さまざまなところに配慮しながら，ここまでしっかりと効果的・効率的に業務を運営している例は，現在のところ他にはないと言い得るレベルのものである」と指摘している。

　ここで，国の執行機関Xにおける地方局A以外の地方局への展開について述べると，各地方局とも事務日誌等の基本的な事務運営は同じである。したがって，基本的には，地方局Aと同じような条件である。しかし，いまだに他の地方局は様子見と聞く。ヒトさえ得られれば，そして，本書を参考にすれば，地方局Aと同じように1年で軌道に乗せることもできると思われる。今後の成り行きには期待したいとのことである[7]。

6 今後の展開

　ここでは，事務量マネジメントのような行政管理会計について，期待される今後の展開について述べる。最初に，事務量が中心となる行政への展開について言及し，次に，さまざまな行政への展開について述べる。

7）キモのキモにあえて言及すれば，既にある事務日誌と改善提案制度の再活性化及びワークライフバランスの向上である。

（1）事務量が中心となる他の行政への展開

　第Ⅰ部第6章の最初で，一般的な行政ではヒトが重要であり，そこでは事務量の管理が重要となることを述べた。このような事務量が中心となる行政においては，事務量マネジメントの展開が期待される。

　その際，国の執行機関Ⅹが重要な役回りを演じることとなるように思われてならない。なぜなら，Ⅹは全国組織であり，わが国で最大級の行政組織の1つでもある。多くの行政機関のOB・OGは地域的に偏在していることが多いのに対して，ⅩのOB・OGは全国津々浦々に所在する。しかも，彼ら彼女らは士業を営むことが可能である。したがって，仮にⅩのOB・OGが事務量マネジメントに通暁するようになれば，全国津々浦々に所在するⅩのOB・OGは，事務量マネジメントを，事務量が中心となる一般的な行政に展開していく際の極めて強力な伝播ルートとして期待できることとなる。

　ちなみに，事務量マネジメントにおけるミクロの事務改善活動等やマクロの組織戦略をともにしっかりと展開できれば，腰だめの数字ではあるが，質量合わせて全体で3〜4割程度の効果の向上が期待できるのではないかと思われる。なぜなら，先述したように，地方局Aでの効果は約2〜3割と見込まれる。その地方局Aではこれまでも形だけとはいえ事務量マネジメントを実施してきた。このため，特に何の策も講じてこなかった他の行政組織では，初歩的な事務量マネジメントの導入効果も見込めることから，それ以上の効果が期待できると思われる。事務量を把握することにより，それまでは気づかなかった事務の無駄に気づくことができるようになるからである。したがって，働き方改革にも対応しつつ，質量ともにみて3〜4割程度の効果の向上を期待することは，決しておかしな数字ではないと思われるのである。

　地方公共団体の一般的な行政においても，事務量に着目したマネジメントは，試行段階ではあるが実践されていることは第Ⅰ部で述べた。数ある地方公共団体のなかには，意識の高い団体も多く存在する。しかも，首長のリーダーシップが継続しやすい地方公共団体においては，国の地方局Aなどと異なり，リーダーシップの基盤がしっかりとしているので，理解のあるリーダ

ーを得ることができれば，事務量マネジメントのような取組みが普及していく可能性も高いと思われる。

（2）さまざまな行政への展開

　事務量が中心となる一般的な行政として，国の執行機関Xや意識の高い地方公共団体が起点となり得ることはこれまで述べてきた。これらはいわばヒトに関する行政管理会計と位置づけられる。

　一方，インフラ資産等の管理が中心の独立行政法人や，最近老朽化等の問題が指摘されることの多い上下水道といった地方公営企業などの場合，そこでのマネジメント実践は違った形になると思われる。事務量といったヒトのマネジメントではなく，モノのマネジメントが中心となる。ひとことで言えば，収益のとり漏れには格段の努力をしつつ，費用側では，人口減を見据えたダウンサイジングを計画的に行いながら，個別管理・予防保全を徹底して，法定耐用年数や経済的耐用年数を超えた物理的耐用年数を延ばして使い切っていくことが中心となると思われる。そこでは，技術との連携がより強く求められた行政管理会計となろう。第Ⅰ部の意思決定会計と業績管理会計で言えば，意思決定会計の比重が高くなるのではないか。経営管理能力を高め，それをもって世界に打って出るといった，今後の発展が期待されるワクワク感のある分野だと思う。

　ここで，行政管理会計が課題となりつつあることを地方公営企業の例から述べる。地方公営企業では経営戦略の策定が求められてきたが，最近では経営戦略の実行プロセスにポイントが移りつつある。たとえば，地方公営企業連絡協議会において，2017年から18年にかけて「管理者を中心とした経営システムに関する研究会」が開催された[8]。そこでは，経営戦略の実行プロセスが重要であるとして，まず公営企業経営の中心となる管理者に着目し，そ

---

[8] 同研究会では，さまざまな分析を行うとともに，地方公営企業の管理者等にインタビュー調査を行う専門家として若手の管理会計研究者を活用した。今後，彼らが活躍し，モノに関する行政管理会計が発展していく触媒となってくれればと願っている。

のうえで，管理会計手法等の用語は用いていないものの，管理会計のさまざまな方法論の活用に言及している[9]。第Ⅰ部でいう「目標達成活動」のような目標の連鎖が求められることを，別の言葉で述べているのである。

　以上をまとめれば，国の執行機関Ｘ（ヒト），意識の高い地方公共団体（ヒト），先進的な地方公営企業等（モノ）の３つのポイントが指摘できる。著者には，これら３つの行政組織が，行政管理会計の新たな出発点，起点となる，と期待できる気がしてならないのである。

---

9 ）総務省自治財政局公営企業課・地方公営企業連絡協議会「平成29年度地方公営企業連絡協議会調査研究会『公営企業における管理者を中心とした経営システム』に関する報告書」2018年４月（地方公共団体金融機構HPに掲載（地方支援業務→お役立ち情報→調査研究））。

第2章

「人日管理」導入前の状況と課題

1 国の執行機関Xと地方局Aの概要

（1）国の執行機関X

　国の執行機関Xは，全国で数万人の職員が所属しており，その予算は，全体の8割が人件費で，残りの2割が物件費となっている人手が中心の組織である。本部の下に，全国に10程度の地方局（地方支分部局），500あまりの事務所が設置されている。

　そこでの行政事務は，事務の性質や関係者の別に，業務管理，収納，個人特定業務，財産関係特定業務，法人特定業務，特定産業関係業務といった事務系統に分かれている。職員は基本的に，それぞれの事務系統に所属している。また，それぞれの事務系統での事務は，大きく，その他の事務と事務所外で行われることが多く，かつ，公権力の行使の側面が強い「特定事務」（以下，特定事務という）に分かれている。これに応じて，職員も基本的に，その他の事務を担当する者と特定事務を担当する者に分けられている。

　現場での第一線の執行機関である事務所の機構は，指揮命令や決裁などが柔軟に機能するよう部門制を敷いている。これにより，管理者と被管理者との距離を短くし，相互の意思の疎通と理解を深めやすい体制としている。

　国の執行機関Xは，公権力の行使という側面が強く，また，膨大な関係者の情報を取り扱う組織である。このため，伝統的に，危機管理に対して非常

に厳しく丁寧な対応を図るよう努めてきている。

（2）地方局A

　地方局Aは，国の執行機関Xの地方支分部局の1つで，数県を管轄している。その下には数十の事務所が設置され，約3千名の職員が所属している。全国に占める管内の比率（全国シェア）は，人口，管内総生産，管内所得などそれぞれ約5％で，中規模の地方局であるとされている。

　地方局Aの地域的な特色として，中央部に山地が走り，その両側に大きく二分されている。また，主要大都市は少なく，山間部も多い。そして，管内にある数十の事務所は点在している。それぞれの事務所の規模も相対的に小さく，小規模な事務所の占める割合も大きい。

2　地方局Aの事務運営の基本形

（1）事務区分別の事務量の把握

　職員が従事した事務量については，これを事務区分別に把握し，事後の事務管理に活用するため，各事務系統の事務をその内容に応じて200〜300項目ほどの事務区分を定めている。そして，職員は，従事した事務に応じて事務区分ごとに，超過勤務時間も含め，原則として時間単位で事務量を入力している。

　職員が入力した事務区分ごとの事務量は，部門単位，事務所単位，局単位に集計されてきた。そして，集計された事務量については，本来は事務計画や事務運営に役立てることとされていた。

（2）その他の事務の一元化による運営

　その他の事務処理については，従来，特定業務に関する事務と収納に関する事務を別々の部門で所掌し，処理していた。しかし，申出や納付に関する基本データの処理などについては，特定業務と収納が密接に関連しており，

一体的に処理することが効率的であった。このため，こうしたその他の事務については業務管理部門に一元化した形で運営を行っている。また，提出書類の収受などの窓口関係事務についても，関係者の利便性向上のため，受付窓口を一本化し，業務管理部門で担当してきている。建前としては，その他の事務は，このような一元化した運営により効率化を図っていくこととされていた。

（3）提案制度

　事務や職場の改善については，提案制度が設けられている。この制度は，職員がそれぞれの日常の職務や職場の改善を通じて，適正な事務の管理を図ることと，事務の効率化等を図ることが目的とされている。

　提案は，その内容により，適正な事務の管理に関する提案，事務の効率化に関する提案，その他関係者の利便の向上や職場環境の改善などのための提案に区分されている。また，提案は，日常の職務等におけるささいなものでも構わないとされ，提案者は個人提案，グループ提案に区分され，年間を通じて常時募集されている。

　提出された提案は，事務所で第一次審査を経た後，局で第二次審査が行われている。審査の結果，一定以上の得点のものは，有効な提案と認めた旨の通知を提案者に送付するとともに，事務改善に積極的に活用するものとされてきた。さらに，高得点のものは，国の執行機関Xへ進達され，第三次審査がなされ，優秀提案および佳作提案に対しては，報償・記念品が贈呈されるとともに，人事記録に記載されてきた。

　このように，事務や職場の改善は，職員からの提案を通じて行うこととされていた。そして，この提案制度は非常に長い歴史を有するものであった。

（4）事務運営指針と国の執行機関X，局から毎年発遣される指示文書

　事務運営については，基本的な考え方や運営の要領を定めた事務運営要領や標準的な事務手続を定めた事務提要などが事務運営指針として国の執行機

関Xから発遣されている。そして，各年度の事務運営に当たり特に留意すべき事項や事務の実施要領などが，毎年，地方局Aから指示文書として発遣されている。

こうした事務運営指針や指示文書の内容については，各年度の当初に開催される事務所長会議，事務系統ごとの部門長会議の場を通じて徹底されてきた。

（5）PDCAサイクルに基づく事務運営

地方局Aや事務所の事務運営に当たっては，管内実情や各事務所それぞれに抱える課題をふまえた施策を実施するとともに，実効性あるPDCAサイクルに基づく効果的・効率的な事務運営に努めることとされてきた。

このため，事務所の各部門は，重点課題・目標を定めるとともに，実施すべき取組みについて具体的な取組み方法等を策定してきた。また，取組事項については，計画書および実績書を作成し，その取組状況をPDCAサイクルに基づいて適切に分析・検証し，検証結果をその後の事務運営に的確に反映させることとされていた。

（6）職場環境の整備

管理者は，職員が意欲的に職務を遂行でき，その能力を十分発揮できるよう，ハラスメントのない明るく風通しの良い職場環境づくりに努めることとされていた。特に，女性職員の活躍とワークライフバランスの推進については，重点課題として組織が定めている取組計画等に基づいて，意識の改革，人事評価への反映など取組みを進めることとされていた。また，管理者は，事務の簡素・合理化を推進し，必要に応じ事務分担を見直すなど，超過勤務縮減，年次休暇の取得にも取り組むこととされていた。

3 活用されない稼働事績（事務日誌）

　職員が従事した事務については，事務区分ごとに１時間等の単位で入力されてきた。そして，入力されたデータは稼働事績（事務日誌）として，毎月，一人別，部門別，事務所計として定型的に集計されていた。

　しかし，こうして集計された事務区分ごとの事務量については，各事務所においてほとんど分析されることなく，むしろ，入力漏れはないか，事務区分の誤り等はないかといった地方局Ａに報告するための点検が行われているにすぎなかった。これは，事務量の分析や検証とは程遠いものであった。こうしたことは地方局Ａにおいても同様で，上半期計と年度計の年２回，国の執行機関Ｘに報告するために，異常データの要因分析が行われていたにすぎない状況であった。

　しかも，事務運営において，事務量自体はそれほど重視されることなく，行政調査件数，行政調査事績，収納事績といった実績ばかりが分析，検証されていたのであった。また，職員の事務量の把握は，「稼働事績システム」として電算システム化されていることから，事務量のデータをさまざまな目的で，さまざまな角度から非定型的に分析して活用することは可能であったが，実際には，定型の集計結果を出力していただけという状況であった。

　稼働事績の活用方法としては，事務計画を策定する際のデータ，事務所別の定員配置の際の基礎データなどが考えられる。しかし，現実には，そこでも集計結果としての前年実績が用いられるにすぎないものであった。たとえば，事務計画の策定の際には，総稼働事務量は，前年度実績である事務区分別の事務量構成比によって事務区分別に配賦計算されていたことから，ほぼ前年踏襲型の事務計画となってしまっていた。

　また，事務量は，本来はその時々の課題へ対応するために，分析等が行われるべきであったが，実際には，分析等が行われることなく，事務量が投入されていた。たとえば，行政調査した結果については，法令等に基づいて判

断するために審査事務の充実を図る必要があった。しかし、そのために、どれだけの事務量が必要かといった分析すら行われることなく、各事務所に審査を担当する者を増員することを通じて、審査事務の事務量増加が図られたこともあった。また、資料情報の充実が必要といえば、同様に事務量の分析すらなしに1人当たり総稼働事務量の5％確保といった形で、資料情報事務の事務量増加が図られていたのであった。こうした事務への投入事務量は、行政調査事務量から捻出されていた。すなわち、行政調査事務量が、さまざまな課題のために投入する事務量の調整勘定となっていた。これらの結果、行政調査事務量が大きく減少していたのであった。

　一方、その他の事務については、削減していかなければならないとの意識のみから、事務計画上、前年実績から10％削減といった形で計画するというものであった。しかし、その他の事務を削減していくための具体的な改善策は考えられておらず、いわば、「気合いでがんばろう」的な対応であった。このため、実績をみるとその他の事務量は削減されておらず、年度が替われば後戻りの繰り返しといった状況であった。

　こうした点については、大きく2つの要因が挙げられる。1つ目の要因は、行政を取り巻く課題への対応が次々と増していくなかで、とにもかくにも課題への対応が優先されたことである。その結果として、事務量を投下して何が何でも課題への対応を図っていかなければならないと考えられてきてしまったことがある。

　ここで、法人特定業務部門を一例として、過去の状況を振り返ってみる。行政の1つの転機であった情報公開制度の導入以前においては、法人特定業務事務運営の最重要事項として、行政調査事務量の最大限確保という点が取り上げられていた。このため、行政調査事務を担当する者の行政調査事務量の確保はもとより、その他の事務を担当する者であっても、事務の繁閑調整等により行政調査事務量を捻出し、事務の閑散期である月の中旬には一時の間でも、行政調査事務に従事するといった対応が図られていた。いわば、行政調査事務量の確保を基本的な方向とした一定程度の事務量マネジメントは

なされていたともいえる状況であった。

　しかし，その後，情報公開制度への対応以降，電子による申出システムの利用促進に向けた対応，その他の事務一元化への対応，改正された行政に関する手続法への対応といった課題が増してきた。そのようななかで，本来的には必要となるはずの事務量の分析をそれほど行うことなく，課題への対応のためにという名目から，かなりの事務量が投下されるようになってきた。その結果，事務量マネジメントという観点が薄れていったのであった。

　2つ目の要因は，事務運営において，人に仕事を割り振る体制のなかで，縦割り意識が強く働くこととなってしまい，担当を越えた仕事をすることに対して強い抵抗感が生じていたのであった。そして，さらに事務を効率化していった場合に，人員が削減され自分の居場所がなくなってしまうのではないかといった定員の削減に対する抵抗感も非常に根強くみられた。

　こうした要因を背景に，職員が入力した稼働事績は，事務量の分析や事務量マネジメントに効果的に活用されていなかったのであった。入力における職員の手間を考えれば，まったくもって，もったいない状況であった。

4　増大するその他の事務量と職員のモチベーションの低下

　その他の事務については，電子による申出システムの導入による事務のICT化や事務処理への非常勤職員の活用促進などにより効率化が図られるものとされていた。さらに，業務管理部門によるその他の事務の一元化が進むなかで，より一層の効率化が図られることとされていた。

　その一方で，その他の事務の事務処理に当たっては，厳正的確な処理が要求されてきた。それは，関係者から提出される膨大な書類や電子データには，個人情報等も含まれること，また，公金を取り扱う事務も含まれることなどからである。確かに，こうした厳正的確な事務処理は必要不可欠なものである。しかし，厳正的確な事務処理を行うためという理由から，事務量の分析を行うことなく事務量を投下していった結果として，その他の事務のさらな

る効率化を目指した，その他の事務一元化の取組みにもかかわらず，その他の事務量そのものは増加していたのであった。

　このように，その他の事務量が増加してしまった要因としては以下の3点が挙げられる。1つ目の要因は，行政調査権限の壁であった。関係者から提出された申出書等は，業務管理部門で入力処理されるが，その際に，エラーが発生することがあり，そのエラーを解明するといった事務が必要であった。このエラー解明の事務は，業務管理部門が担当するのではなく，特定業務部門が担当する事務とされたのであった。なぜなら，エラーを解明するためには，関係者に質問しなければならない場合があるが，その際には，行政調査権限が必要となるケースもあった。このため，行政調査権限を有しない業務管理部門の職員が関係者に質問することはできないとして，エラー解明の事務は，すべて特定業務部門で対応するとしたのであった。

　その結果，業務管理部門と特定業務部門との間で申出書等の書類や処理内

図表Ⅱ-2-1　関係者（企業）から提出される申出書等の処理フロー

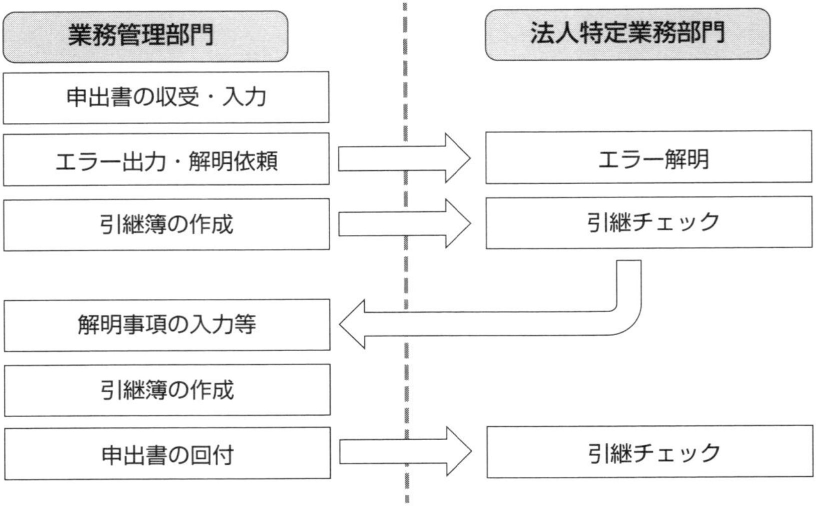

出所：著者作成。

容等の受渡し（引継ぎ）が必要となり，受渡しのための余分な事務量が生じることとなった。さらに，書類の受渡しの際に，申出書の所在が一時不明になるなどミスも生じたことから，書類を捜索するための事務量，また，ミスを防止するための書類の受渡し等の際のチェックに次ぐチェック作業など，事務量は次から次へと増加していった。これらの対応は，本来的には，事務処理フローの改善を検討しなければならなかったのであった（**図表Ⅱ-2-1**）。

　2つ目の要因は，事務系統の壁であった。先ほど述べたように，その他の事務については，業務管理部門で一元化することとなっていた。しかし，その他の事務の各事務は申出種類別に行われ，それぞれの事務系統との結びつきが強かった。また，業務管理部門の職員は，その他の事務が一元化される以前はそれぞれに申出種類別の事務系統の職員であった。その結果，自分が属していた事務系統に関する事務処理には強いが，それ以外の事務処理には経験不足等からその習熟に弱い面があった。

　そのため，業務管理部門の職員に，すべてのその他の事務処理を習得させ，事務処理能力の向上を図ることを名目に，かなりの事務量が投下された。結果はいくらかの習得や処理能力の向上はみられたものの，残念ながら，事務量の投入に見合う効果は得られなかった。

　しかも，その他の事務処理の習得は，OJTを中心に行っていったのであるが，1つの事務処理に2人以上で作業する結果，事務量の増加が生じていた。また，事務処理のノウハウを人から人への口頭により行っていたため，教わったことはその場では理解できるが，時が経つと忘れてしまう傾向が強くみられたことから，事務処理のノウハウの蓄積までには至らないことも多かった。その結果，他の事務系統の事務処理はやはり苦手意識があるにもかかわらず，習得も進んでいないといった状況にあった。

　また，事務処理に際しては，事務処理要領等は存在していた。しかし，細かな作業手順は行間に隠れて，事務処理要領等を読んだだけでは完全にマスターすることは難しく，細かな作業手順は担当者のノウハウとして暗黙に存在していた（**図表Ⅱ-2-2**）。

図表Ⅱ-2-2 事務習得の状況

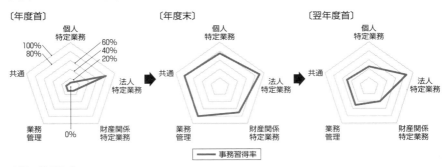

出所:著者作成。

小話　　事務所長室にて

事 務 所 長 A:今日,業務管理部門から職員の事務習得率を表すダイアグラムをみせてもらったんだけれど,このダイアグラムが不思議なんだよ。

局　　員　B:えっ,何が不思議なんですか?

事 務 所 長 A:それがね,年度が終わる頃になると,それぞれの職員のダイアグラムが膨らんできて,各事務の習得率が向上しているようにみえるんだけど,年度が替わると,いっぺんにしぼんで,また,習得が一から始まって,徐々に向上して膨らんでいくんだよ。

局　　員　B:そうなんですか。まるで,風船のような感じですね。

事 務 所 長 A:うん。実は,本当にどこまで習得できているのかよくわからないんだよ。

3つ目の要因は,モチベーションの壁であった。その他の事務の効率化は,職員のモチベーションにも左右された。その他の事務の処理に当たっては,一部の職員に過度な負担感が生じたり,チェックのためのチェックといった事務量が多くなり過ぎると,職員のモチベーションにも影響を与えるのである。

その他の事務について,業務管理部門と特定業務部門で分担することは,

責任の明確化につながる。しかし、その一方で、「その事務はそっちの部門での仕事」といった縦割り意識による事務の非効率化や、ミスが生じた場合の原因探しによる信頼関係の低下、さらには、ミスゼロを意識し過ぎるあまり、職員のモチベーションも低下させてしまう状況もみられるようになったのである。こうした状況下では、効率化に向けた事務改善の意識も薄らいでいくこともやむを得なかった。

本来、ミスの防止には、どのような場面で誰がどのようにチェックするかといったきめ細やかな手順が必要となる。それにもかかわらず、そうした具体的な未然防止策を確立していない状況では、チェックのためのチェックといった事務が必要となり、そこに無駄が生じてしまう。職員にとっては、無駄でもチェックしなければならないといった意識が強く働き、さらなるモチベーションの低下を招くのであった。

このようななかで、一部の事務所で何らかのミスが生じると、管理者である部門長は、部下職員が処理した子細な作業までチェックしなければならないようになり、その結果、部門長の責任の負担感と業務量は増加していった。また、部下職員には自分たちが処理したことが信頼されていないとの不満感が増していった。このようなことから、管理者と部下職員のコミュニケーションの低下や職員のモチベーションの低下につながっていったのであった。

小 話　　　　　　　**事務所にて**

部 門 長 A：今度から、発送する文書の宛先までチェックしないといけないことになってやりきれないな。

部 門 長 B：ほんとに。このところ、チェックばかりさせられてる感じだよね。

部 門 長 A：行政調査事務のことも、気がかりなんだけど、何かあると大変なので、チェックを優先しないとね。

部 門 長 B：なんだか、その他の事務ばかりで、行政調査事務なんかどうでもいいやって感じになるね。

(部下の)上席：部門長、そんなこと言ったらダメですよ。それより、私たちがし

たチェックをまた部門長の方でするなんて，私たちはそれほど信頼がないんですかね。

部門長Ａ：そんなことないよ。でも，なんか，やるせないね。

そうしたなかで，その他の事務については，その他の事務の一元化体制から相当な期間が経過したこともあって，（a−1）年度の評価官の評価テーマとしてその他の事務一元化における事務処理体制の現状を把握し，今後のその他の事務一元化のあり方について検討された。そこでは，短期的な方策として，その他の事務処理研修による担当職員の処理能力の向上や事務処理マニュアルの作成といった策が講じられたが，事務量の面での効率化策までには至らなかった。一方では，業務管理部門の人員の適正化についての検討もされたが，業務管理部門が新人職員の当初配置部門とされたことから，現状の人員から削減するのは難しい状況であった。

しかしながら，管理職職員の一部には，増大しているその他の事務量と職員のモチベーションの低下の状況に対して，何とかして特定事務量を確保していかなければいけないのではないかといった問題意識を有する者も出てきた。その他の事務の効率化に向け，改善が必要であるというマグマも，部内には溜まってきていたのであった。

5　捨てられていた提案

提案は，事務や職場の改善に向けた有効なツールとして，年度当初の会議においては，必ず，事務所幹部に対して提案制度の周知と提案の奨励が発信されていた。提案の状況は，制度の１つの目的である「適正な事務の管理に関する提案」については，ある程度の件数が提出され，有効な提案として活用や表彰がされていたが，制度のもう一方の目的である「事務の効率化に関する提案」については，提出はされるものの，有効な提案として活用されるものは少なく，ほとんどの提案は廃案として捨てられていたのであった。

その要因の1つ目は，事務処理については，ほとんどが電算システム（全国的な基幹システムという）で処理されていることから，このシステムの改善を求める提案が多く提出されていたことに由来する。システムの改善や改修については，予算制約等の面から採用されることは難しく，システムに関する提案では，有効提案となるのは無理といった風評が広がっていたのである。

　2つ目の要因としては，事務の効率化については，本来，改善策によってどれだけの事務量が効率化するのかといった検討が必要となる。しかし，提出される提案には，そうした効率化できる事務量についての検討はほとんどされていなかった。このため，当該提案を活用した結果，どれほど事務量が削減されたとか，どれだけの無駄が省けたといった提案の成果がみえてこなかった。このように，成果がみえないなかで，改善意識は高まるはずはなかった。

　しかも，提案を審査する主管課の意識のなかにも，提案によって事務を効率化していくという点より，適正な事務の管理に関する提案のなかで表彰に値する提案を審査していこうといった点が重視されていた。そして，過去の表彰提案を参考にしながら前年踏襲型での審査が淡々と行われていたのであった。

　このような状況のなかで，提案制度は，地方局A全体での事務改善活動としての盛り上がりに欠けていき，次第に提案件数は減少してきていた。特に，制度の目的である事務の効率化といった面での形骸化が著しかったのである。

　もっとも，職場環境や日常業務のなかで，改善しなければならないことはなくなるはずはなかった。一部の事務所においては，執務環境や超過勤務の状況を把握するなかで，職員からの生の声を聞く必要があるとの方針の下，職員が日常業務のなかで，気づいたことや改善してほしいことを事務所独自に設置された改善BOX等を通じて収集していたのであった。しかし，こうした取組みを一部の事務所の事務所内だけで行っていたのでは改善の効果はかぎられたものとなり，時間とともに埋もれてしまいかねなかった。提案制度を通じた大がかりな改善活動の促進の必要性が高まっていたのであった。

> **小　話**　　　　　　　　　　　　　　　**地方局Aにて**
>
> **係　　長　A**：今回の提案は良いものがありますか？
> **係　　員　B**：なかなかこれといった提案はないですねー。システムの改善とか，
> 　　　　　様式の改善が多くて，これまでの表彰された提案に近いものはないですねー。
> **係　　長　A**：それじゃあ，今回も該当なしでいくしかないなー。
>
> 　　　　　　　　　　　　　　　　　　　　　　　　**事務所にて**
>
> **部 門 長 A**：事務所長から，最低でも各部門１件の提案を提出するように言わ
> 　　　　　れているんだけど，B君，何かないかな？
> **職　　員　B**：昨年も何か出してって言われて出しましたけど，何がどうダメだ
> 　　　　　ったかのかもわからないのですが，有効提案にはならなかったんです。出し
> 　　　　　ても，あんまり意味はないんじゃないですかね。
> **部 門 長 A**：まあ，そう言わずに頼むよ。ほかの部門も提出件数が少ないらし
> 　　　　　くてね。１件は，出しとかないとね。
> **職　　員　B**：どうせダメと判断されるだけですけどねー。わかりました。ちょ
> 　　　　　っと考えてみます。

6 　表層だけの事務運営方針

　事務運営方針については，年度当初に開催される事務所長会議，事務系統別の部門長会議を通じて，周知徹底されていた。しかし，会議の開催に当たっては，地方局Aの各部においてすでに発遣している指示文書を焼き直したものが会議資料として作成されているにすぎず，その内容は，お題目を列挙したものであった。また，会議では，資料に基づいて地方局A側からの一方通行の説明が主であり，会議に出席する事務所の幹部は，資料に沿っての説明にうなずくのみであった。会議の内容は，後日，職員に伝達されるが，事務運営方針は，いわば，表面をなぞるだけのものであり，上位下達ではある

ものの，従ったふりが横行する状況に近いものであった。

　事務運営方針は，年度中において，上半期の事務運営の状況をふまえて下半期の方針であるとか，第３四半期の事務運営の状況をふまえて次の年度の方向性といった意見交換が毎年繰り返されている。しかしながら，年度が替われば前年度の事務運営方針はご破算にしてもとに戻るといった状況に近いものであった。

　事務運営上の施策についても，施策を始めた年度には，施策の成功を目指して地方局Ａと事務所が一体となって真剣に取り組むものの，年度が替わり，幹部も交代すると，次第に取組みも薄らいで，そのうち消滅していく。その一方で，また，新たな施策への取組みが始まり，少し経てば……といったことが繰り返されていたのであった。

　このようななかで，現場の担当者は，施策の目的や趣旨に関係なく，一人親方的な感覚で淡々と行政調査や収納を行うのみであった。このようにして，本来，継続して取り組むべき有効な施策が，年度とともにご破算となっていた。毎年々々，この繰返しが行われていたのである。

　この要因としては，施策の目的や趣旨とその手段といったものがセットで現場にまで伝わらず，手段（しかも形）ばかりがクローズアップされ，目的や趣旨がどこかにいってしまい，手段それ自体が目的化していったことにある。このため，年度を越えて，問題点や改善策が継続的に検討されることはほとんどなかった。

7　深層の事務運営は前年踏襲型

　事務運営を適切に実施するためには，PDCAサイクルに基づくマネジメントが必要である。そして，このPDCAサイクルを機能させるためには，本来，事務所長自らが，管内等の実情を十分ふまえたうえで，具体的な取組み方法等を定め，その取組状況等を適切に分析・検証し，問題点を明確にしたうえで，検証結果をその後の事務運営に的確に反映させることが求められていた。

しかしながら，一部の事務所長を除いて，大方の事務所長は，実のところ，PDCAサイクルに基づく事務運営は部門長に任せっきりで，事務所長，副所長がこぞって「明るく風通しの良い職場づくり」や「若手職員の育成」といった目標に明け暮れていたのが実態であった。しかも，その内実は，関係者の管理と称して，管轄内の飲食店等のマップを若手職員に作成させて自己満足に浸っているだけのもの，若手職員のための伝承研修と称して，昔の手柄話をするだけの人材育成といったものであった。また，行政調査事務の充実策をとってみても，歓楽街への取組み，大手企業の取引への取組み，工業地帯あるいは農業地区への取組みと聞こえは良いものの，具体的な方策は練られておらず，何年かおきに繰り返される，お祭り騒ぎのような行政調査事案の企画の繰り返しにすぎなかった。

しかも，こうした取組みは，戦略といった言葉は名ばかりであり，定量的な目標すらない計画性に欠けた具体策のないプランであった。このようなプランでは，PDCAサイクルは機能させようにもさせられないのであり，おのずと前年踏襲型の事務運営に陥っていた。

このように，本来の機能を失っていたPDCAサイクルに基づく事務運営ではあったが，そのようななかであっても，部門長は，報告文書を作成するための作文づくりにいそしみ，その結果として事務量もかなり費やされていたのであった。

本来，事務所長や部門長のマネジメントは，PDCAサイクルに基づき発揮されるべきである。それにもかかわらず，実際のところ，事務所長や部門長のマネジメントは，むしろ弱まっていきつつあったといっても過言ではなかったのである。

しかしながら，このような前年踏襲型の，組織的にデータ分析や実施状況の検証を行うことなく自らの経験則に頼った一人親方的な感覚の運営でも，行政水準はそれほどまでに落ちていかなかったと評する側面もあった。これは，現場職員の残業や年次休暇の未消化等を調整項目として，行政が回っているようにみせることはできたため，問題の発覚を遅らせてきたと考えるこ

とができるかもしれない。

8 押し寄せるWLBと働き方改革

　男女ともに仕事をするのが当たり前の社会へと変わりつつあるなか，男女を問わず職員全体について，いわゆる時間当たりの生産性の向上，ワークライフバランスを確保できる働き方の実現が求められている。これは，組織全体として職場環境の改善にかかる取組みとして推進されてきた。その結果，確かに，過去と比較してみると，その職場環境は，全体として超過勤務は縮減され，年次休暇の取得も増加していた。

　しかし，勤務時間が縮減し，年次休暇の取得が増加したものの，それによって，いわゆる生産性の向上が図られていたのかというと，必ずしもそうではなかった。超過勤務の縮減や年次休暇の取得が図られているのは，事務の効率化という要因より，定時退庁日の設定，超過勤務予算の制約，稼働事績への超過勤務時間の入力などの強制的な側面での勤務時間の削減策が講じられた結果によるものであった。さらに，また，幹部職員からの「早く帰れ，とにかく休め」といった号令による面もまた否めないのであった。

　そして，その他の事務においては，効率化は実はそれほど図られてはおらず，繁忙期には超過勤務が当たり前の状況であった。また，特定事務においては，事務量の有効活用やマネジメント等に工夫はみられず，実のところ，超過勤務が縮減された分，パフォーマンスもまた低下している状況であった。さらに，職員の意識には，依然として勤務時間が長いのが美徳といった男性社会的価値観が蔓延しており，長時間勤務する職員が評価されている場面も多かった。特に，稼働事績への入力が求められていない地方局Ａの職員や事務所総務課の職員については，そういった側面が強く働いていたのであった。

　その一方で，育児を抱え時間的制約のある女性職員の働きぶりは，目を見張るものがあった。そうした女性職員の多くは，勤務時間の制約があることから，その他の事務に従事していた。そこでは，子供を迎えにいくために何

時までに仕事を終えなければならないこと，あるいは子供が熱を出した場合などには急な休暇を取得しないといけないことなどを想定して，綿密に仕事の計画を立てていた。また，どのようにしたら段取り良く仕事が進むかについても，絶えず工夫をしていたのであった。

　しかし，そうではありながらも，勤務時間に制約がある女性職員は，勤務時間が単に短いという理由だけで高い評価を受けることは少なかった。また，管理者を含めた周りの職員は，そうした女性職員の仕事ぶりに気づかずにいたのであった。

　しかしながら，のちに，そういった女性職員は評価され，彼女らからの事務改善意見が，その他の事務の効率化につながっていくのである。この点は第3章4で後述する。

小　話　　　　　　　　事務所にて

女性職員Ａ：16時になりますので，お先に失礼します。

男性職員Ｂ：Aさん，エラー解明を今日中に済ませておきたいから，まだ済んでいない分を引き継いで僕がやるから渡してください。

女性職員Ａ：もう全部済みましたよ。

男性職員Ｂ：えー，もう済んだー‼

女性職員Ａ：次の事務処理の日程を考えると今日までには済ませておかないといけないのはわかっていたから，関係者への確認も早めにしておいたの。

男性職員Ｂ：そうなんですか！　でも，Aさんは他の入力事務もやっていたはずなのに……。

女性職員Ａ：関係者への確認は先方の都合もあるから聞いてすぐ答えが出るとはかぎらないでしょ。入力の合間でも電話一本はできるわよ。何事も段取り次第よ！

部　門　長：B君，1つの事務に集中するのも大切なことだけど，Aさんのように事務の優先度と期限を考えながら計画的な事務処理をしないとね！
ところでAさん，昨日お願いした報告の取りまとめなんだけど，いつ頃になりそうかな？

> **女性職員Ａ**：それも終わりましたよ。明日の朝一にお渡ししますね。じゃ，お先です。
>
> **部　門　長**：お，お疲れさまでした……。

9 大幅に見直された事務運営体制

　地方局Ａでは，その他の事務量の増加と特定事務量の減少により，行政調査や組織運営の効率が低下しているのではないか，同時に，職員間のコミュニケーションやモチベーションが低下しているのではないかといった問題意識が高まりつつあった。また，地方局Ａの特性として広範囲に小規模な事務所が点在していることから，事務量にかぎりのある小規模な事務所の運営をどのようにしていくかといった問題も生じていた。

　このような問題意識の下，地方局Ａでは，（ $a-1$ ）年度において事務運営体制を大幅に変更した。変更は主に２点であった。第一の変更点は，その他の事務の効率化（合理化）による特定事務量の確保を図るものであり，そこでは，わずかな事務量であっても効率化していくとの方針が徹底された。

　まず，組織内での会議や研修のために相当な事務量が投下されていたことから，会議・研修の実施方法が見直された。地方局Ａは，管内が広範囲にわたっており，会議や研修へ参加するために移動事務量を相当に要していたが，実施方法について電話会議システムを活用することにより，移動事務量の削減を図ったのであった。また，研修については，従前，研修対象者の研修項目に対する習熟度を考慮することなしに入所年数等に応じて一律に参加させていたが，事前に研修対象者の習熟度を把握し，習熟度に応じた研修の実施方法に変更することにより，移動事務量を含む研修事務量の削減を図ったのであった。

　次には，小規模な事務所の事務の見直しであった。定員が20人にも満たない小規模な事務所においては，特定業務部の事務系統をまたがって１つの部門で運営されていたのであるが，地方局Ａからの指示や報告はそれぞれの事

務系統の主管課との間で行われていた。このため，事務管理のための事務や報告事務に余分な事務量を要していたことから，指示や報告を局内で調整し，小規模な事務所との窓口を特定業務部の筆頭課である特定業務総括課に一本化することとした。これにより，事務管理のための事務量や報告事務量の削減を図ったのであった。

そして，その他の事務のうち処理するロットが小さい一部の事務については，集約化による処理が図られた。たとえば，申出時における小規模な事務所での公金の還付の審査・監査事務については，地方局Ａでの集中処理とした。また，申出書の誤りを是正する申出後の是正処理のうち，行政調査権限の行使を伴わず，主に文書発送や電話対応により処理している行政指導事務については，中心となる事務所に設置した是正処理センターでの集中処理とした。そして，契約に関する申出書の処理にかかるその他の事務については，中心となる事務所での集中処理としたのであった。

第二の変更点は，事務所間（地方局Ａと事務所間）の役割分担の最適化であった。これもいくつかのポイントからなっていた。まず，小規模な事務所においては事務量が不足しており，特定事務運営体制の強化が課題であった。そこで，事務量を増やす観点から，小規模な事務所の定員の増員措置が図られた。

次に，小規模な事務所における事案の掘り起こしや，小規模な事務所からの行政調査支援要請に対応していく必要もあった。そこで，これらの事務や要請に機動的な対応を図るため，支援担当者を中心となる事務所に設置した。

さらに，地方局Ａでは，その特性から小規模な事務所に対する広域運営を行っていた結果として，広域運営のために相当の移動事務量を要していた。このため，事務の性質やその必要性，機動的支援への対応可能性，移動効率等の観点から，広域運営を行う広域ブロックを再編したり，広域で運営する機構を再配置したりといった策を講じたのであった。

第3章

「人日管理」導入をめぐる攻防

1　コアメンバーによるイメージ共有

　α年度の，地域を挙げた慰霊の日を控えたある日，それは1枚のペーパーから始まった。これが，新たな「人日管理」の始まりであった。地方局Aのトップマネジメントから配られたその1枚のペーパーには，「『人日』の活用」が謳われており，次のようなことが記載されていた。

・名前は何でもいい，国の執行機関Xの組織におけるマネジメントの強化・高度化をしていく，国の執行機関Xの組織に即した経営管理手法（管理会計手法等）の運用徹底を図って行く。

・目的は，その他の事務を効率化して，特定事務の拡充（行政調査日数の確保）を図り，若手育成等につなげていく。

・具体的内容は2つのレベル，一つには，「人日」の周知徹底，二つには，一部で局所的に深掘りを試行する。

・将来の自律的発展に向けた周囲の巻き込みを図って行く。

　そのペーパーを最初に目にしたのは，後にコアメンバーとなる官房系の課長と課長補佐であったが，全員の目が点となり，戸惑いが生じたのであった。ましてや，そのペーパーには，「事務区分・事務事績（⇒ABM），目標の関連性（⇒目標管理・方針管理，⇒戦略マップ・BSC的な因果関係仮説・目的

145

手段関係），コスト計算（ABC），システム改善（6σ（シックスシグマ），
BPR等）」といった管理会計手法等の用語も記載されていたため，全員の戸
惑いは増していくばかりであった。

　しかしながら，メンバー間では，戸惑いのなかにも，意識が共有されつつ
あった。もちろん，ペーパーの内容の理解は困難であったが，その一方で，
そこでの目的である，その他の事務を効率化して特定事務を拡充し，若手育
成につなげていくといったことに対しては，メンバーの間で即座に共有が図
れたのであった。その背景には組織の価値観から，その他の事務の増大化に
対しては何とかしていかなければならないといった強い意識が働いていたか
らであった。

　こうして，「人日管理」の徹底の幕が開けたのであった。そこで，まずは，
「人日管理」のイメージ図の作成から始まった。コアメンバーは，頻繁にミー
ティングを重ねながらイメージ図の案を作成しては，その都度，トップマ
ネジメントの部屋に入っては意味を確認しつつ手直しを繰り返すなかで，お
ぼろげながら「人日管理」のイメージが理解できるようになっていった。

　コアメンバーのうちの1人は，たまたまみつけた参考となる書籍（大西淳
也著『公的組織の管理会計』同文舘出版，2010年）を休日に読んでは，あの
1枚のペーパーに書かれていた内容を自分なりに理解しながら，「人日管理」
のイメージや管理会計用語の意味するところについて他のメンバーに語りか
けていったのである。そして，他のメンバーも同書籍を読むことで，管理会
計への理解に努めた。このように，共通の用語や知識などを活用することは，
「人日管理」や管理会計の概念の理解が楽になったのみならず，その後のブ
レのない動きにもつながっていったのである。

　やがて，「『人日』の活用徹底」と題したイメージ図はでき上がり，コアメ
ンバーは，あの1枚のペーパーがブレイクダウン（展開）された形で「人日
管理」のイメージ共有を図ることができたのであった（**図表Ⅱ-3-1**）。

図表Ⅱ-3-1 「人日」の活用

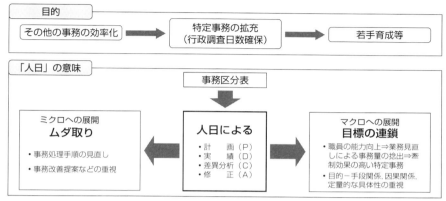

出所：著者作成。

　ブレイクダウンされた内容は次のとおりであった。
　「人日管理」の目的は，「その他の事務を効率化して特定事務に回して行政調査日数を確保する」ということに尽き，「特に若手の育成は特定事務で育成するしかない」のである。その流れのなかで，事務量を中心に考えていく事務運営，特に，「人日」で考えていく事務運営を徹底していく。
　この「人日」でPDCAを回すということで，フロー図の真ん中に「人日」がある。「人日」による「計画」，「実績」，「差異分析」，「修正」というこれまでやってきている考え方は，一般企業でいうと「活動基準管理（ABM）」という考え方に相当するものである。
　「人日」を中心に事務量をどう考えていくか，それを企業に置き換えた場合，どういうふうに考えられるかという点について，1つは，「ムダ取り」をやっていくことが「ミクロへの展開」である。「業務処理手順」ということをよく言うが，企業では「業務の標準」に相当するもので，「マニュアル」という言い方もあり，これを常に見直してムダを取る。その過程で職員からの「事務改善提案などを重視」していく。企業の場合には，このような流れがあり，われわれもその流れに基づいて行い，それを徹底させていく。

その一方で，マクロへの展開としての「目標の連鎖」であるが，われわれの頭のなかには，「職員の意識を向上させ，業務を見直すことによって事務量を捻出し，牽制効果の高い特定事務に『人日』を投入する」という基本的な流れがある。これは，企業でいう「戦略マップ（BSC）」に相当するもので，企業においても「目的と手段関係」，仮説に基づく「因果関係」，「定量的な具体性」が重視される。こういった考え方で企業でも行われており，われわれも原理原則は同じことをやっているということで，より徹底していく。

サービス残業はないため，すべてが稼働日数に入っており，マネジメントの巧拙が問われている。マネジメントが稚拙だと，結果も稚拙なものになることに注意しなければいけない。

苦難の末に完成した「人日管理」のイメージ図は，まず，地方局Aの幹部が集まって主要事項を審議する（地方局の）局内幹部会において共有され，その後，ブロック別（地域別）の事務所長会議で説明が行われた。そうして，「人日管理」については，地方局A全体として方向性，統一性が高まっていったのである。

小　話　　　　　　　　　　　　　　　**地方局Aにて**

補　佐　A：課長，先ほどの1枚のペーパーに書かれていたことは，難しくてよく理解できないのですが……。

課　長　B：うーん，僕も同じで，頭を抱えているんだよ。特に，管理会計のABCとか，ABMとか，BSCとかの用語は，さっぱりだよ。

補　佐　A：「人日」は，われわれが入力している事務日誌の稼働日数って思えばいいんですよね。

課　長　B：そうだね。事務区分ごとに集計された事務量をマネジメントしていくことなんだろうね。
言葉の意味は，まだよくわからないにしても目的からすると，真剣に取り組まなければならないと思うよ。少し勉強してみるよ。

補　佐　**Ａ**：課長，本気モードに入ってますね。

課　長　**Ｂ**：「人日管理」の目的を聞いて，これはやらないといけないんじゃないかって心に響いたんだよ。ボヤーッとして，気合いだ，気合いだって言っても仕方がないからね。

2　部内の中立的立場の者を理解者・協力者に

　以上のように，「人日管理」については，コアメンバーを中心に徐々に理解され，活用に向けての取組みが図られつつあった。しかし，当然のことながら，このような取組みは，コアメンバーだけで展開できるものではなかった。

　地方局Ａに属する事務所の事務系統別の各部門は，直接には事務所長からの指揮命令に従うのであるが，事務運営においては，間接的に局主管課との結びつきも強い状況にあった。したがって，「人日管理」を効果的に展開していくためには，それぞれの事務系統の事務運営を担う局主管課に理解者・協力者となってもらわなければならなかった。「人日管理」については，イメージ図をもとに（地方局Ａの）局内幹部会で説明したところであったが，局主管課が理解者・協力者となるためには，やはり局主管課へのより丁寧な説明が必要であった。

　そこで，まずは，あるコアメンバーの出身事務系統であった特定業務部の主管課から説明を開始した。特定業務部においては，前年度に運営体制の大幅な変更を行っていた。その目的の1つは，その他の事務の効率化（合理化）による特定事務量の確保であり，その運営体制の検証を行うためには，事務量，いわば「人日」でチェックしていく必要があった。

　あるコアメンバーは，まず，特定業務部のそれぞれの筆頭課である特定業務総括課の課長補佐と法人特定業務課の主幹に対して，組織の価値観を訴えることによって，彼ら2人から「人日管理」への理解と協力をとりつけていった。

説得に当たり，われわれの組織の価値観は，「善良な関係者には尊敬される存在たれ，そうでない関係者に恐れられる存在たれ」である。この価値観のためにも「人日管理」が必要だ。そこで，「人日管理」に早急に取り組むべきと思うが，といった話をしたという。

　当該コアメンバーは，この２人とかつて机を並べて仕事をしたことがあり，この２人が物事の理解が早いことも知っていた。また，２人とも，それぞれの主管課の実務を仕切っている者たちでもあった。

　そして，当該コアメンバーは，この２人を理解者・協力者に仕立て，特定業務部の主管課長に対して「人日管理」の取組みの必要性を丁寧に繰り返し説明していった。特定業務部各主管課長は，組織の価値観をふまえた行政調査事務の充実という面では組織の旗振り役でもあった。また，前年度に変更した事務運営に対して，「人日」を活用して検証することが必要であることも理解していたことから，「人日管理」の理解者・協力者となっていった。こうした特定業務部主管課の理解と協力により，ブロック別事務所長会議における「人日管理」の局側からの説明がいまいち理解できない事務所長に対して，特定業務部主管課からも局側の説明とは別途に説明が行われていったのであった。当該コアメンバーによれば，この局面に至ったことで，「人日管理」の導入は「いける」と確信したのであった。

　そして，もう１つの山は，その他の事務の主管課である業務管理課の理解・協力を得ることであった。「人日管理」におけるその他の事務の効率化は，その他の事務量の大半を占める業務管理部門の事務の効率化が必要不可欠である。そこで，業務管理部門がその他の事務を効率化し，効率化できる事務量を特定事務量に充てていかなければ，「人日管理」は程遠いことになるのであった。このため，業務管理課の理解と協力は必須であった。

　しかし，業務管理課は，厳正的確な事務処理と事務習熟度の向上のための職員育成の旗振り役でもあった。このため，当該コアメンバーは，「その他の事務の効率化による特定事務量の確保」の追求という直球勝負をしたのでは，業務管理課の理解と協力を得ていくのが難しいかもしれないと直感した。

そこで，業務管理課においてもその他の事務の効率化は部内的に検討されており，事務の効率化に向けたベストプラクティス（最善の方法）の試行が打ち出されていることを当該コアメンバーが知っていたことから，これをテコに，「人日管理」の説明を行っていった。そうしたところ，実務を仕切っている課長補佐，主査は理解を示してくれた。そこから，この２人を理解者・協力者として，課長にも繰り返し説明していった結果，当初は理解を示してもらえなかった課長にも，「人日管理」のミクロへの展開によりムダ取りを推進していくことについては，理解を示し，協力してくれることとなった。

このように理解と協力を得つつ，その後，局内に事務改善推進プロジェクトチーム（PT）が立ち上がった。PTは，総務部次長をリーダーに，企画課，総務課のほか，業務管理課もメンバーとなり，しかも，事務所アドバイザーには，業務管理を出身事務系統とする２人の副所長が就くこととなったのであった。このようにして，次の課題は，効率化したその他の事務量を特定事務量にどのように活用していくかに移っていったのであった。

小 話　　　　　　　　　　　　　　**地方局Aにて**

コアメンバー：Aさん。特定業務部では，（地方局の）局内幹部会で説明のあった「人日管理」の件は，どの程度まで下に降りて来ているのかな。

補　佐　A：資料はみせてもらったのですが，まだぼんやり感の状態です。

コアメンバー：えー！　特定業務部は，大幅に変更した運営体制を事務量で検討していくんじゃないのかい。スピード感も大切だよ。

補　佐　A：それはわかっているんですが…。

コアメンバー：以前一緒に仕事をしていたときに，その他の事務について，月末月初は繁忙期であるからこれだけの事務量が必要で，月半ばは閑散期になるから繁閑調整で行政調査事務量が生まれるかもしれないなとか事務量積算したじゃないか。そのイメージを思い出すんだよ。そして，「善良な関係者には尊敬される存在たれ，そうでない関係者に恐れられる存在たれ」この言葉がわれわれの価値観だろ。この価値観のために，「人日管理」に取り組んで，その他の事務を効率化して特定事務を充実させていこうよ。僕の方からどんど

ん情報入れていくから，一緒に取り組んでいこうよ。

補　佐　Ａ：なるほど，そう言われてみるとストンと落ちた気がします。

3 縦割り意識との攻防

　縦割り意識やセクショナリズムについては，一般企業のみならず，行政組織においても課題となっている。これは，地方局Ａにおいても同様であった。地方局Ａにおいては，関係者とのかかわりの強い行政調査や収納に関する事務については，部門間，事務系統間の連携が図られ，また，関係者に提供する個別のサービス等については，部門間，事務系統間を越えた事務所を挙げた体制での対応が図られていた。しかしながら，それぞれの事務運営は，もっぱら縦割り意識の下にあった。そして，その他の事務においては，部門ごと，事務系統ごとに効率化が検討されているにすぎず，「人日管理」の取組みには，この縦割り意識の解消が課題となっていた。

　このような意識の背景には，事務系統というセクショナリズムと，事務系統別の各部門ごとの定員という縄張り意識があった。たとえば，業務管理部門においては，繁忙期の事務量等を勘案して定員が配置されていたが，年間を通じてみると，繁忙期がある反面，閑散期もあった。その閑散期においては，せっかくの効率化した事務量が自部門のなかだけで費消されていたのであった。すなわち，特定事務を所掌しない業務管理部門では，効率化された事務量が特定事務に充てられることはなく，ほかのその他の事務に充てられていたのであり，このため，全体としてみるとその他の事務量は減少していなかったのであった（**図表Ⅱ-3-2**）。

　「人日管理」は，すべての事務系統でのその他の事務を効率化していき，効率化した事務量を使って事務系統を越えて特定事務へ拡充していくという取組みとなるはずである。しかるに，こうした「人日管理」の取組みに対して，事務系統という旧態依然としたセクショナリズムの固執と，事務系統別

図表Ⅱ-3-2 「人日管理」による取組みと縦割り意識による弊害

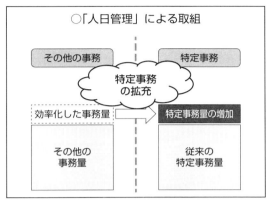
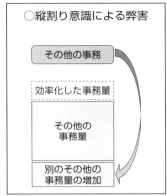

出所：著者作成。

各部門ごとに定員が配置されているのにそれを越えて仕事をするのは難しいという縄張り意識から，当初は相当に抵抗が強かったのである。そこには，事務を効率化して他事務系統の仕事を行えば，自分の事務系統の定員が削減されてしまうかもしれないといった暗黙の警戒心が強く働いていたのであった。

縄張り意識のもう１つの側面は，いわゆる人に仕事を割り当てるやり方を行っていたため，職員感情のなかに，自分の仕事はこの範囲であるといったテリトリーが形成されていたことに由来する。これにより，職員個々人による一人親方的な仕事の進め方が一般化し，さらに悪いことに，職員が人事異動する際には，事務の引き継ぎが個々の担当者間で行われることから，このような仕事の進め方が横行することになるのである。管理者のマネジメントが稚拙だと，これらに輪をかけて事態が悪化する。このようなことにより，自分のテリトリーの範囲を越えた仕事を行うことに対する抵抗感と部門や事務系統を越えた仕事を行うことに対する抵抗感が職員のなかに醸成されていったのであった。

このような縦割り意識，その背景にあるセクショナリズムや縄張り意識，

さらには一人親方的な仕事の進め方といった壁が次から次へと登場してきた。しかし，これらを次々と打ち破っていったのが，組織の価値観と組織戦略だったのである。そして，これらの効果は絶大であった。

組織の価値観である「善良な関係者には尊敬される存在たれ，そうでない関係者に恐れられる存在たれ」は，個々の職員のモチベーションの醸成にも大きく影響していた。その他の事務の効率化を単に事務効率としてだけ捉えるのであれば，それは人の削減につながると考えられてしまい，効率化に向けたモチベーションを上げるのは困難であった。しかし，効率化した事務量が特定事務へ活用されていき，それがわれわれの価値観にもつながっていくのであれば，個々の職員の心を動かすことができることとなり，そのモチベーションも上がっていく。そして，これは，その他の事務を担当する職員であっても，特定事務を担当している職員であっても，奉職以来何度も聞かされてきた組織の価値観は同じものであり，同じ方向を向いて仕事をしなければならないことに違和感はなかったのであった。「人日管理」の取組みは，そうした価値観の下で行われていったのである。

もう一方では，組織戦略といったマクロのマネジメントの視点も重要である。「人日管理」のマクロ的展開としては，「職員の意識を向上させ，業務を見直すことによって事務量を捻出し，牽制効果の高い特定事務に『人日』を投入することである。」が，基本的な流れであった。その基本的な流れのなかで，各事務所において組織戦略を考え，実行していくためには，部門や事務系統を越えた対応が必要となるのであった。とりわけ，地方局Aのような中規模の組織には，事務系統横断的な取組みを弾力的に図っていく必要があった。たとえば，業務管理部門の閑散期において効率化された事務量について，特定業務部門のその他の事務に活用していき，そこで得られた事務量を，牽制効果の高い特定事務に活用していくことは重要なポイントであった。

このようにして，コアメンバーは，組織の価値観と組織戦略の必要性を繰り返し説明しながら縦割り意識との攻防を乗り切っていったのであった。この両者の働きは特筆されてよいであろう。

小話　　　　　　　　　　　　　**地方局Aにて**

コアメンバー：「人日管理」の目的であるその他の事務の効率化と特定事務量の
　　確保は，業務管理課の協力なくしては意味がないんです。業務管理課もその
　　他の事務の効率化を検討しているんでしょう。「人日管理」の取組みを推進し
　　ていきましょうよ。
業務管理課長：われわれの所掌しているその他の事務は事務処理誤りゼロを目指
　　しているんです。そして，毎年若手が大量に入ってくるし，事務を効率化し
　　たとしても他の部門の仕事を支援する余裕なんてないですよ！
コアメンバー：事務処理誤りゼロも，職員の事務処理の習得や能力向上もやらな
　　いといけないことはわかります。でも，繁忙期に無理をしてまでと言ってる
　　んじゃないですよ。事務処理誤りゼロは確かに大切です。でも，それだけが，
　　われわれの価値観ですか？「人日管理」は，組織の価値観のために必要だか
　　ら推進しようとしているし，業務管理課としても効率化・効果的な運営がで
　　きると確信しているからお願いしているんですよ！
課 長 補 佐：課長，コアメンバーの言っていることは当課が検討している事務
　　の効率化の方向性と同じなんじゃないですかね？
　　最初は私も業務管理部門はそんなにムダな事務量をかけていると思われてい
　　るのかと思いましたが，コアメンバーの話を聞いていると，われわれの考え
　　ている効率化と方向性は同じで，むしろ私たち組織の価値観を大事に考え，
　　さらにその先の事務量の転換までも検討している点では意義があるものなん
　　じゃないですかね。私は『人日管理』は取り組むことに大きな意味があると
　　思います！
業務管理課：……わかった。少し時間をください。課内で前向きに検討します。
コアメンバー：よろしくお願いしますよ！

4　総論賛成・各論反対の声との攻防

　「人日管理」については，（地方局の）局内幹部会での説明，コアメンバー
による局内主管課への説明，ブロック別事務所長会議での意見交換などを経
て，次第に局内全体へ理解が進みつつあった。しかしながら，次は，「人日

管理」への取組みのスピード感に対する抵抗がみられた。

国の執行機関Xの組織には，従前から指摘されてきた課題として，実態はそれほど変わらないにもかかわらず，上の意向に表面だけ従った振りをする状況や，ある年度での重点的な取組みは，年度が替わればご破算になるといった状況が存在していた。そして，「人日管理」には，総論としては賛成であるが，現在の体制を維持しながらゆっくりと変えていけばよい，年度が替わればもとに戻るかもしれない，全国的に取り組んでもいないのに，自分たちが率先して取り組まなくてもよいといった声もコアメンバーには聞こえてきていた。特に，年齢層の高い幹部においては，今まで自分たちがやってきたことを変えていくことになることから，極めて強い抵抗があった。

このようなことを背景に，総論賛成・各論反対といった声が上がっていたのであったが，これらを打破していったのは，事務改善等によるわずかな効果や成果でも横展開していき，事務改善等による成果を積み上げていくことだった。具体的な数字でもって，事務改善等の成果を示していくことだったのである。

そして，これらの事務改善等の成果の積み上げの旗振り役となったのは，必要に迫られて，ワークライフバランスをすでに実践していた女性職員による知恵と段取りであった。これら女性職員の活躍は特筆されるべきものである。

コアメンバーは，「人日管理」のミクロ展開であるムダ取りに向けて，各事務所に対して事務改善提案を求めていった。しかしながら，各事務所の反応は，従来からの提案件数の低下傾向や事務の効率化に向けて提案の活用が図られていないこともあって，当初，戸惑い気味であった。

そうしたなか，以下で述べるような事務改善等に関する取組みの声が寄せられてきたのである。「当事務所では，業務管理部門の女性職員がホワイトボードを活用して仕事をみえるようにして繁閑調整を実施しています！」また，「当事務所では，女性職員からの意見で，申出後の是正処理の作業手順書を作成することにより，業務管理部門と個人特定業務部門が共同処理を行

うようにしてアルバイトの活用を進めています！」こうした一部の事務所の取組みを奇貨として，事務改善提案に向けての新たな展開に弾みがついたのであった。

そして，局内に発足した事務改善推進プロジェクトチーム（PT）が中心となって，改善活動を通じたムダ取りを推進していった。まずは，提案の提出に向けての事務所へのサポートとして，「事務処理が『正しく・早く・安全に・楽に』なれば気持ち良く効率的に仕事ができます！」をコンセプトに提案通信を発信し，取組みの成果を紹介していった。次に，事務改善等への取組みが早かった2事務所を改善活動モデル事務所に指定し，その取組みの成果を他事務所へ横展開していった。また，こうした取組みをスピードアップさせていくために，「改善活動を通じたムダ取りの推進」活動スケジュールを作成し，活動成果を全事務所へ展開していったのであった。

このように，事務改善等による効果や成果が積み上がっていく状況になると，「人日管理」のムダ取りに向けての取組みにもさらに弾みがつき，そのスピード感も高まっていったのである。こうなると，総論賛成・各論反対勢力はひとたまりもない状況になった。もう，この取組みをご破算にするとか，後戻りさせるといった状況ではなくなった。それとは真逆に，事務改善等に向けた取組みが地方局Aを挙げて推進されていき，提案の件数も増加していったのであった。

このようにして，「人日管理」のミクロへの展開は，関係した者の想定以上に進んでいったのであった。事務改善等の実績とスピード感で，総論賛成・各論反対の声を封じ込めていったのである。

小　話　　　　**事務所長室にて**

事務所長A：「人日管理」の必要性はわかった，でも，早急に進めなくても徐々にやっていけばいいのではないか？

コアメンバー：地方局Aにそんな余裕があるんですか？　徐々に取り組んでいっ

たふりだけして来年度にはご破算という繰り返しをするつもりですか？　事務所長も，行政調査が低下しているから何とかしないとって言われてたじゃないですか。

事務所長Ａ：そうだけど，職員がついてくるかどうか……。

コアメンバー：B事務所では，事務改善を進めることによって，職員も楽になっていると聞いてますよ。そして，モチベーションも上がってきていると。このままだとＡ事務所だけ取り残されかねないですよ。B事務所の取組みを即座に横展開しますから，「人日管理」の取組みを進めていきましょうよ。

事務所長Ａ：わかったよ。もう進めていくしかないな。

5　職員団体に対する真摯な説得

　職員が働きやすく，明るく風通しの良い職場環境づくりのためには，職員の意見や要望を正しく汲み上げていくことが大切である。とりわけ，職員を代表する職員団体から職場の「生の声」を聞くことが極めて重要である。そのため，地方局Aは，従来から，職員団体が民主的に活動し，健全な労使関係の構築に努めていることに対して敬意を表し，信頼関係をもって，トップマネジメント交渉と事務所長交渉を年間４回以上開催していた。また，総務課長を窓口として，職員からの生の声に基づいた話し合いや対応を図ってきていた。このようなことから，コアメンバーは，「人日管理」の取組みを進めていくうえでは，職員団体からの「生の声」が何よりも大切なものと考え，職員団体の執行部と話し合いを重ねていったのである。

　職員団体の執行部とは，まず，地方局Aにおける職場の状況を共有することを目指した。そこでは，職場が抱える課題として，ゆとりのない職場状況であること，職員同士の人間関係が希薄化している状況，管理職職員が自己の職務に追われ周りをみる余裕すらなくなっている状況，事務系統にとらわれた事務運営が根強く残っている状況などがみられることについて共有していった。

　そのうえで，「人日管理」についての趣旨や目的を丁寧に説明していった。

説明の際に，強調した点は2点であった。1つには，この取組みは，ワークライフバランスの要請に資するものであるということである。事務が効率化されれば，職員の負担を減らし，効率化された事務量を超過勤務の縮減や年次休暇の取得促進に充てられる。また，提案通信のコンセプトであった「事務処理が『正しく・早く・安全に・楽に』なれば気持ち良く効率的に仕事ができるようになる」といったことなどについて丁寧に説明した。もう1つは，組織の価値観についてであった。われわれは，「善良な関係者には尊敬される存在たれ，そうでない関係者に恐れられる存在たれ」という組織の価値観をもって仕事をしている。そうした組織の価値観は，職員のモチベーションにも密接につながっている。「人日管理」は，組織の価値観からも必要となる取組みでもあるという説明をしていった。

これらを受けた職員団体の執行部の反応は，「人日管理」により効率化した事務量をワークライフバランスに活用できることに理解を示してくれたというものであった。これは，超過勤務の縮減や年次休暇の取得，ワークライフバランスに配意した職場環境の醸成については，職員団体から組織に対する継続的な要求であったこと，また，そもそも執行部にも事務の効率化に向けた取組みは職員の負担軽減を図っていくためにも必要との認識があったからであった。また，執行部も同じ国の執行機関Xの職員ということで，奉職以来聞いてきた組織の価値観についても異論はなかったのである。

ただし，「人日管理」の取組みについては，職員が不安や不信を抱くことのないよう，趣旨，目的等を十分に説明してほしいとの要望があった。これは，いかに良い取組みであっても，事務を行う職員にその趣旨等が伝わらなければ，良い結果は得られないだろうし，趣旨等が誤って受け止められれば，労働強化にもつながりかねないからであった。また，「人日管理」のもととなる稼働事績の入力に当たっては，職員が超過勤務した時間も含めて事務区分別に正確に入力するよう指導してほしいとの要望があった。

こうした要望に対してトップマネジメントは，「人日管理」の取組みの趣旨や目的等については，会議等あらゆる機会を通じて十分に説明していく。

また，稼働事績の正確な入力についてもきちんと指導していく。そして，「人日管理」により得られた効率化効果は，「特定事務量の確保」や「超過勤務の縮減」，さらには「年次休暇取得の容易化」につながっていくものであり，事務計画や事務の実績管理に適切に反映させていくと答えた。こうしたやりとりを通じて，「人日管理」の取組みについて，職員団体の理解も得られることとなっていったのである。

小　話　　　　　　　　　　　**地方局Aにて**

執　行　部：総務課長，「人日」の活用徹底について，趣旨は理解できましたが，職員の労働強化になるのではないでしょうね。

総　務　課　長：それは，まったく違いますよ。むしろ1人ひとりが計画的に働くことができて，自分の時間がつくれるはずですよ。また，突然，子供さんが病気になったとしても気兼ねなく休むことができますよ。

執　行　部：そういうことならわれわれとしても協力していきましょう。

6　残された反対派に対する説得

「人日管理」に関しては，事務改善提案等の横展開などを図りながら，その他の事務の効率化への取組みは進んでいった。しかし，反対派もまだ根強く残っていた。この反対派の主張をひも解いていくと，2つのタイプが存在していた。1つのタイプは，チームワークを大事にする行政調査重視型の現場主義タイプの者であった。そして，もう1つのタイプは，厳正的確な処理至上主義のタイプであった。これらの反対派に対しては，効率性を全面に出して説明していくと，その時点で感情的に反対を固持することから，コアメンバーは彼らの主張を尊重しながら粘り強く説得していった。

まず，チームワークを大事にする行政調査重視型の現場主義タイプに対しては，組織の価値観を前面に出し，行政調査事務が低下している現状を共有

しつつ，行政調査の重要性を強調していった。そして，「人日管理」の目的
である「その他の事務を効率化して特定事務に回して行政調査日数を確保し，
若手は特定事務で育成していく」ことを進めていくことは，目指す方向は同
じではないのですかと説得していった。

　また，もう一方の厳正的確な処理至上主義者に対しては，厳正的確な事務
処理のために投入すべき事務量の重要性を共有しつつ，厳正的確な処理のた
めにこそ，事務処理手順等の徹底が重要であることを強調していった。そし
て，「人日管理」により事務改善を図っていくなかで，ムダ取りや仕事のや
り方の工夫のもととなる事務処理手順等の徹底を通じて，厳正的確な事務処
理も可能となるのではないですかと説得していった。

　このようにして，これらの反対派の幹部も，「人日管理」の取組みに理解
を示すようになっていったのであった。反対派の幹部とはいっても，職場を
こよなく愛している者であり，現場が好きでコミュニケーションを大切にす
る者であった。彼ら反対派の理解が得られたことにより，「人日管理」は揺
り戻しの起こらない取組みとなっていくのである。

7 事務改善提案の効率化効果の積算をめぐる攻防

　事務改善提案等によるその他の事務の効率化を進めていくためには，事務
改善提案等の活用により，どれだけの事務量が効率化できたのかという事務
量の積算が必要であった。改善によりこれだけの事務量が効率化できたとい
う成功体験が，また新たな事務改善を生み，さらなる効率化が期待できるの
である。そうすることによって，「人日管理」の好循環サイクルができあが
っていった。

　こうした点をふまえ，コアメンバーは，それぞれの事務改善提案等により
どれだけの事務量を効率化できるのか，事務量全体からするとどの程度の効
率化が期待できるのかといったことを分析していった。しかし，ここで生じ
たのが，効率化の効果として期待できる事務量の積算に当たって，少なめに

161

積算しようとする主管課との攻防であった。

　この要因は，事務量の積算において，その他の事務を処理するための標準的な手順（作業標準）に従った場合の作業時間である標準時間といった概念が薄かったからであった。作業標準に従って作業すれば，気持ち良く・早く・正確に処理ができるのであるが，作業標準に従っていないと，手戻りが発生し，ムリムラムダも発生し，本来しなくてもよい残業が生じたり，急な年次休暇の取得も不可能になったりしてくる。本来は，このような標準時間で積算すべきであった。しかし，主管課サイドでは，事務の効率化に向けての標準時間という概念ではなく，各事務所の事務処理にかかる事務量実績を横並びにして，その平均事務量を是としたうえで，平均以上の事務量を要している事務所に対して事務量の削減化を求めていくといった方法が用いられていた。こうした事務量の実績数値の平均を是とする概念からは，効率化される事務量をできるかぎり少なめに見積もろうとする意識が自然と働いていた。その結果，平均事務量を是とする主管課の積算では，効率化される事務量もおのずと少なめの積算となってしまっていたのである。

　これに対して，コアメンバーは，それぞれの事務改善等について，提案してくれた事務所に対して，作業標準に従って処理した場合の標準時間をもとに，効率化できる事務量をサンプリングしてもらい，そこでのサンプル調査により，効率化できる事務量を算出していったのであった。この標準時間をもとにした実際のサンプル調査やそこで収集されたデータに対しては，主管課としても納得するしかなかった。

　そもそも作業標準がしっかりできていれば，事務処理の標準時間はある程度計算できるはずである。そこから，作業標準に従った場合の事務量の積算も可能となるはずであった。このようにして，事務改善提案等による事務量の積算が，標準時間に基づいた事務運営の推進に向けた一助となることが期待されるのである。

8 1枚にまとめた組織戦略とその横展開

「人日管理」については，ミクロへの展開である事務改善活動では，繁閑調整等の事務体制の確立，事務フローの見直し，作業手順書等による非常勤職員の活用などによって，a年度の（$a+1$）年3月の時点では，約12,000人日の事務量の効率化が可能となっていた。これは，およそ60名弱分の事務量に相当し，その他の事務量全体の7％以上の効率化に相当する。このように事務改善やムダ取りへの取組みなどミクロへの展開は進んでいったのである。

しかし，その一方で，マクロへの展開である目標の連鎖となる組織戦略については，課題が多い状況であった。マクロへの展開が遅れるということは，効率化によって生み出された，この貴重な事務量が漫然と消費されていくことを意味する。これは何としても避けなければならない，戦線が崩壊する可能性を秘めた大問題であった。

組織戦略については，まず，「人日管理」の幕が開いた後に開催されたブロック別事務所長会議において，「各事務所のPDCAサイクルに基づく事務運営について」という議題で意見聴取していた。各事務所からの意見は，総じて「若手の能力育成」であるとか，「大型の行政調査事案の企画」といったものに終始していた。しかし多くは目標の連鎖といったような関係がみられないものであった。そこで，各事務所の意見に対して，次のような点を指摘した。

・職員に良い仕事をさせるためには，漠然とした「Plan」ではなく，具体的に考えたうえで，事務所長が職員に最終目標に至る挑戦的なロジック（目的─手段関係や因果関係）を示すべき。
・各事務所必須の行政調査や収納関係施策では，事務所長自ら管内事情を把握したうえで，それに応じた「波及効果」，「牽制効果」，「再発防止策」を示すべき。

・「体制の整備」だけでなく，何をやるかが重要であり，事務所内の委員会等に何をさせるのか，事務所内共有フォルダはどのように活用させるのか，若手研修等にどのような工夫をするのかを示すべき。

こうした指摘に対する各事務所長の反応は，理解の早いグループと理解の遅いグループに二分された。理解の早いグループは，自らが先頭に立って計画の立案をしていたグループであり，自らの「計画」のどこに不足があったのか，事務量をどのように連鎖していけばよいのか，「計画」のチェックに向けて組織戦略をどのように修正していけばよいのかを，すぐに飲み込み，計画の見直しがなされていった。これに対して，理解の遅いグループは，若手育成とか行政調査企画などの一点のみに固執して，あとは部下任せの計画の継ぎ足しをしていたグループであり，事務系統ごとの前年踏襲に近い総花的な計画であった。自らが目標の連鎖を意識していない，事務量をどのように活用していくかの具体策もないことから，部下に対して具体的な指示もできないでいたのであった。

そうしたなか，年度開始から半年近くが経った際に開催された事務所長会議では，各事務所におけるPDCAを機能させ，組織戦略を徹底していくため，「プランの流れの例」を示し，プランの流れを全体像として1枚にまとめるよう地方局Aから提言したのであった。そこでは，各事務所において，捻出した事務量を特定事務量にいかに活用するか，特定事務量の効果を最大限発揮するための波及効果，牽制効果，再発防止策をどうするかなどについて，目的―手段関係や因果関係などにより目標を連鎖させ，組織戦略を綿密に組み立て，来年度の事務所運営のプランの原案として固めていくことを求めたのであった（**図表Ⅱ-3-3**）。

組織戦略については，ただでさえ課題が多かったのであるが，それをさらに1枚にまとめるということで，事務所長連は面くらい，反発の声さえ上げていたのであった。しかし，コアメンバーは，事務所長連にとって局からのこのような指示は初めてのものであるが故に，事務所長連の反発の声につな

図表Ⅱ-3-3　プランの全体像（例）

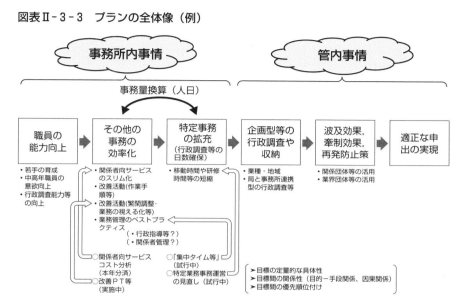

出所：著者作成。

がっていったことを理解していた。目標の連鎖がどういうものであり，どういうイメージのものが期待されているか，わからないが故の戸惑いからくる反発であったのである。

　そこで，コアメンバーは，理解の早いグループから何例かを，他の事務所長に開示することにより，具体例でもって理解してもらうという方策をとったのである。そのうえで，そうした事務所のプランをモデルとして，他事務所に展開していき，全事務所のプランの水準を上げていくことを目指したのであった。

　コアメンバーは，具体的なプランを描けた事務所から，近隣の事務所長，同年代の事務所長など日頃情報交換している事務所長に向けて，自分の事務所ではこのような具体的プランを考えているなど事務所間での情報交換を促した。また，さらに第3四半期の終了した翌月に臨時の全管事務所長会議を開催し，具体的なプランが描けた事務所からその内容について発表を求め，

そうした案を参考に，来年度の自事務所の運営プランの原案作成を促していった。コアメンバーにおいては，各事務所が方向性を間違わないよう，随時，各事務所に状況報告を求めながら，アドバイスしていったのである。

　このように，「人日管理」のマクロへの展開である組織戦略は，1枚の「プランの流れの例」により，戸惑いのなかからも新たに展開していった。組織戦略は多過ぎると読むのに労力が必要となり，その結果，誰も読まなくなるのである。しかし，これを1枚にまとめることができれば，現場職員も含め組織全体で，わかりやすい→意識を合わせやすい→職員の方向づけ（同じ方向を向いて努力すること）が容易となる，といった効果が期待できるのである。そして，これは「事務所運営全体プラン」と称され，各事務所に徹底されていった。この「事務所運営全体プラン」の策定を通じて，組織戦略が個々の職員の事務と関連づけができるようになり，その結果，事務所の事務系統ごとの部門長もその部下職員も，事務所の運営方針と自らの業務との関連性が明確となっていったのであった。

小話　　　　事務所長室にて

事 務 所 長 Ａ：B課長，事務所長会議で説明があった「プランの流れの例」はどういうことだ！

B　　課　　長：事務所運営のプランの全体像として，それぞれの目標をどのようにつなげていくのかを示した例ですよ。

事 務 所 長 Ａ：そんなことが書けるはずないじゃないか！　われわれは，行政調査や収納をきちんとしたらそれでいいのではないか

事 務 所 長 Ｃ：そうだそうだ！　われわれの仕事は行政調査や収納についての計画を立て，それを実行することだ！　事務所運営のプランの流れ図を書いたところで何の意味があるんだ！

B　　課　　長：行政調査や収納の計画と実行は，各部門ですることで，事務所長は，もっと組織の全体をみて，職員の意識の方向づけをしないといけないでしょう。

事 務 所 長 Ａ：組織全体はみているよ！

B　課　長：いや，そうとも言い切れないじゃないですか。その他の事務担当
が事務の効率化をして，その事務量がどのように活用されるのかであるとか，
きちんと行政調査や収納したことがどのように波及し，牽制効果をもたらし
ていくのかとか，個々の職員の事務をそれぞれ関連づけていかなくては職員
のモチベーションは上がらないのではないですか。

事務所長 C：そう言われるとそうかもしれないな。

事務所長 D：事務所運営のプランの流れ図を書くことによって，職員との意識
が共有できるかもしれないな。

B　課　長：１枚にまとめる意味は，わかりやすいこと，みんなの意識を１つ
にできること，職員の方向づけができることです。組織戦略の整理ができて
理解しやすくなると思いますよ。

事務所長連：わかったよ。

9 インセンティブ措置による 組織戦略のさらなる展開

「人日管理」のマクロへの展開である組織戦略の策定が進められるなかで，
コアメンバーは事務所別定員配置の作業も行っていたことから，具体的なプ
ランが描けている事務所に対して，事務量積算のヒアリングを開始していっ
た。そして，ヒアリングをしているうちに，事務所の管内事情からある対象
に対して共通した取組みを行おうとしている近隣３事務所（J事務所，K事
務所，HM事務所）の存在に気づいた。そこで，コアメンバーは，その３事
務所に出向いて，自事務所で効率化により捻出できる事務量と波及・牽制効
果等を含めた特定事務への投下事務量について詳細にヒアリングし，より具
体性のあるプランの作成に向けてアドバイスするとともに，３事務所でどの
ように連携を図ったらよいか，どのようにすればシナジー効果（相乗効果）
が得られるのかについても検討していった。

その過程で，コアメンバーは，当該３事務所に対して，弾力的な定員配置
をしてはどうだろうかと考えるようになった。定量的な目標の下に，具体性
のある有効な組織戦略を考案している事務所に対しては，定員によるインセ

ンティブを図ることは，組織戦略に向けての活性化だけでなく事務量管理の徹底にもつながるのではないかと考えた。そして，事務所別定員配置について，定員のインセンティブ措置を図ることを協議した結果，試行的にインセンティブ措置を講じてみようとの意見がまとまり，弾力的定員措置を行ったのであった。

　弾力的定員配置の効果は絶大であった。組織戦略としての「事務所運営全体プラン」は，このようにして，全事務所に雪崩を打つように浸透していったのであった。

　事務所への定員の配置については厳しく対応し，局においてバッファー（仕事上のゆとり）をもっておく一方，事務量を効率的・効果的に活用している事務所に対しては，そのバッファーを活用し追加的に事務量を配分する。これにより，各事務所の事務効率化へのインセンティブも高めることができるだけでなく，全体としての事務量の効率的・効果的な活用につなげることができるのであった。

　なお，一般的に，当該組織においては，事務を効率化できたところから屁理屈をつけて定員をはずすという手段をとることが多い。しかし，これでは努力した人間が損をするという構図となってしまう。それが故に，誰も協力しなくなるのである。重要であればあるほど，このようなインセンティブによる常識的な人間心理をふまえた対応が必要とされるのである。

小　話　　　事務所長室にて

コアメンバー：A事務所長，プランの作成状況はどうですか？　現状でも構いませんので，よかったらみせてもらえませんか？

事務所長A：ちょうどよかった！　ある程度はできたのですが，これから先，どうしようかと悩んでいたところです。

コアメンバー：かなりできてますね。それぞれの目標についての事務量とか接触割合といった定量的な目標数値も入れたらどうですか，それと，項目間でどのような因果関係があるか線で示したらどうですか？

事 務 所 長 Ａ：なるほど，こうするとわかりやすくなりますね。

コアメンバー：Ａ事務所長，この案を他事務所にも紹介していただけませんか？早速，日頃意見交換している事務所長に紹介してください。そして，今度の会議で発表してください。

事 務 所 長 Ａ：了解しました。

コアメンバー：Ｊ事務所長，所長の案では，その他の事務の効率化によって相当程度の事務量の捻出ができますが，所長のプランを実行するためには，特定事務量はまだ不足気味ですね。Ｋ事務所，ＨＭ事務所も同様の関連業を対象としていますから，３事務所間でもう少し連携を図ってはいかがですか？　同じことを別々にしなくても一緒になってやった方が効果は上がるのではないですか

事 務 所 長 Ｊ：それはそうですね。わかりました３事務所のプランをすり合わせてみます。

コアメンバー：お願いします。この策は有効なものと考えています。３事務所のプランをすり合わせて検討したうえで，３事務所に対していくらか定員の配置による増員などの措置ができればさらに効果はでますか？

事 務 所 長 Ｊ：えっ，そうしてもらえるとありがたい，仮に定員増があった場合のプランも考えてみます。

コアメンバー：お願いします。有効な施策には，定員のインセンティブも必要かと考えています。こうしたことを，他事務所にも紹介してください。

事 務 所 長 Ｊ：了解しました。ワクワクしてきましたよ。早速広めていきます。

10 結構難しい，事務運営におけるPDCAの徹底

「人日管理」による事務量の捻出と活用のためには，事務改善提案等による事務の効率化・ムダ取りのほか，現状の事務運営における事務量分析が必要となる。具体的には，事務改善提案等により，それぞれの事務系統のその他の事務において，効率化による事務量の捻出が見込まれたのであるが，同時に，捻出された事務量をどのように活用していくかについての検討も必要であった。特に，その他の事務の主担部門である業務管理部門において効率化された事務量をどのように活用していくかは，重要なポイントとなってい

た。

　その際，コアメンバーが留意したことは，業務管理部門やその他の事務担当の定員を削減するのではなく，部門間・事務系統間の支援によって事務量を活用していくということであった。一部繰り返しとなるが，事務量が削減されたときの1つの判断としては，定員の削減が可能となるという方向に働くこともあるが，そのような方向だと事務改善による効率化へのモチベーションは大幅に低下してしまうのである。また，業務管理部門において効率化される事務量は，年間を通じて平均して見込まれるものではなく，閑散期において多く見込まれ，繁忙期にはほとんど見込まれなかった。そのため，定員を削減したとするならば，繁忙期の事務量がまかないきれないこととなり，逆に他の部門からの支援事務量が必要となってしまうのであった。そうしたことから，業務管理部門の閑散期に見込まれる，効率化により捻出された事務量は，定員の変更を伴わずに，他の部門・事務系統の事務を支援するという形での活用を図っていくこととした。これは，わざわざ組織内の緊張を高める定員の再配置という手段をとる必要はなく，部門間の支援という形で事務量を玉突きで移動させることにより，本来の目的を十分に果たせるからであった。

　しかし，業務管理部門が支援できる事務は，行政調査権限の制約があり，特定業務部事務系統の行政調査権限を行使しない範囲でのその他の事務等にかぎられていた。そこで，特定業務部においては，特定業務部で行っていたその他の事務のうちどのような事務について，業務管理部門からの支援を受けるかという検討を行う必要があった。

　また，これと同時に，特定業務部で行っていたその他の事務に相当する事務区分別の事務量分析を行った。これにより，特定業務部のその他の事務でのPDCAの徹底等を通じて，支援を受ける事務について，無駄を省いて効率的なものとした。そのうえで，特定業務部においては，業務管理部門からの支援による事務量，非常勤職員の活用によって効率化できる事務量，削減することが可能な事務量が積算された。その結果，a 年度の（$a+1$）年 3 月

の時点で，先述した事務改善活動による約12,000日に加え，その他の事務におけるPDCAの徹底により約8,000人日の事務量が削減され，両者合わせて，20,000人日の事務量（およそ100名分の事務量に相当し，その他の事務量全体の10％以上の効率化に相当）が特定事務へ活用できることが見込まれるに至ったのであった。

その一方で，特定事務にかかる事務量分析も必要と考えられるに至っていた。その他の事務の効率化による事務量は，特定事務量に活用されることとなるが，その特定事務量を有効に活用していくためには，特定事務そのものも効率的なものとしておかなければならず，そのための見直しも必要であったからである。

特定事務においては，事務量を投入してパフォーマンスを上げていかなければならないが，このパフォーマンスの指標をどこに求めていくかは，検討が必要であった。検討の結果，パフォーマンスの１つの指標である行政調査割合の向上をベースに事務量分析を行い，特定事務におけるPDCAの徹底等を図っていった。

特定事務の見直しに当たっては，年間行政調査計画件数の積算における「標準モデル（行政調査１件当たりの行政調査日数の目安）」の導入，進行管理における暫定的に指令された日数内での行政調査と行政調査を継続する場合の今後必要な投入日数の見極めの徹底，また，行政調査件数に基づく進捗管理から行政調査事務量に基づく進捗管理へのシフト，特別行政調査にかかる行政調査体制の見直しなどの対応を図った。その結果，その他の事務の効率化により増加が見込まれる特定事務量の効果と相まって，行政調査件数が増加し，行政調査割合の増加も見込まれた。

こうした事務運営におけるPDCAの徹底を図っていくなかでみえてきたことは，これまでは，有益な道具立てがそろっていたにもかかわらず，従前の事務量マネジメントや事務量分析が弱かったのではないかということであった。国の執行機関Xの組織は人手が中心の組織であることから，これまでも定員や人事管理に重点を置いてきた。しかし，定員事情が厳しくなるなか，

本来は，事務量分析といった視点に立った運営を強めなければならないにもかかわらず，そういった視点が徐々に欠けてきていたのではないかと思われる。

　事務運営については，結果である行政調査件数，行政調査事績，収納事績などに固執して，その結果を前年実績との比較，他局や他事務所の実績との比較という物差しだけで測り，対前年増加という数値目標だけが独り歩きして評価されていたのではないかと思われた。また，事務運営は，本来，高めの目標や計画（P），的確な実行管理（D），差異分析（C），それに基づく修正（A）といったPDCAを忠実に行うべきである。しかし，対前年増加といった数値目標が独り歩きし始めると，結果のつじつまを合わせるために，超過勤務や年次休暇の未消化といったことも発生しやすくなっていたのではないか。職員の超過勤務や年次休暇の未消化によって何とか結果を出してきていたという側面も否定できないように思われた。

　事務計画は，超過勤務がなく，年次休暇も完全に消化されていることを前提に立てられていた。このため，超過勤務や年次休暇の未消化は，事務計画を実施していくに当たっての一種の隠し財源ともなっていたのである。本来，幹部は事務計画の実施状況や事務量について鋭敏でなければ，その責任を果たし得ない。しかし，超過勤務や年次休暇の未消化といった隠し財源があったことで，事務計画の実施状況や事務量に淡泊な幹部であっても，事務運営が回っているようにみせることができ，幹部としての体面も保たれていたのかもしれなかった。幹部が事務計画の実施状況や事務量に鋭敏になることで，事務運営がPDCAに忠実に行われるようになり，これが無理のない適切な事務運営につながり，超過勤務の縮減や年次休暇の取得が促進し，ワークライフバランスの実現につながるのであった。

　「人日管理」は，事務計画に基づく事務運営においてPDCAの徹底を図るためにも必要なことであった。このように，さまざまな見直しを伴いつつ，「人日管理」による事務量の捻出は，地方局Aにおいて揺るぎのないものになっていったのである。

小　話　　　　　　　　　　　　地方局Aにて

幹　部　A：コアメンバーが言っている事務運営のPDCAってなんだ！　そんなの何パーセント目標でやっとけばいいよ！

補　佐　B：それは，まずいですよ。すでに，コアメンバーでも事務量を分析していて，○○の事務に投下した事務量は，すでに問題の解消が図られているはずだから，これからこれまでどおりに投下していく必要性は薄いのではないかとか，指摘がきてますよ！

幹　部　C：そうだろうな。今まで，事務量の視点からの分析ができていなかったのかもしれないな。コアメンバーが言うように，この際，事務区分別の事務量について，具体的な要因に基づいた分析をしてみようじゃないか。

補　佐　B：わかりました。なんだか，気持ちがストンと落ちて，事務量分析しなければいけないという気になってきました。

第4章
「人日管理」導入後も続く 徹底・徹底・徹底

1 事務改善提案のさらなる徹底的活用

　地方局Aにおいては，「人日管理」導入後，現場での事務改善提案等による効率化が図られてきたこと，また，事務区分ごとの事務量についてPDCAの徹底が図られてきたことによって，先述したようにa年度の（$a+1$）年3月時点で約20,000人日（およそ100名分の事務量に相当）のその他の事務量の削減の目処が立った。そして，この削減できるであろうその他の事務量は，組織の価値観のなかで，行政調査や収納という特定事務に振り向けるという組織内の合意が形成されていた。

　そして，この取組みの徹底を継続していくため，地方局Aでは，事務運営の具体的な命令事項を定めた「事務運営に当たり特に留意すべき事項」に，「『人日管理』の徹底」を書き込み，（$a+1$）年度に向け当該指示文書を発遣した。

　このなかでは，特に，「人日管理」におけるムダ取りの根幹をなす事務改善活動の推進については，次のように記載した。

　その他の事務の効率化を図るため，事務改善活動を推進する。

　そのため，事務所長・副所長は，その他の事務に関心をもち，職員から改善意見が提出されるよう，また，各部門や複数の部門間といった集団での改善活動が行われるよう配意する。

事務改善活動に当たっては，次のような観点から，部門内の事務だけでなく，部門をまたがる事務についても見直しを行う。

① 業務の見える化・情報の共有化を進め，繁閑調整等を頻繁に行う業務体制を構築。

② ついでにできる事務の実施，重複作業の見直し，並行・共同作業の実施により業務全体で合理的な事務フローを確立。

③ その他の事務の未経験者や非常勤職員の活用を推進するため，事務処理要領を具体化した作業手順書を作成。

また，このような観点以外に新たな改善活動が着目できた場合には，取組状況を局から全事務所に展開する。

そのうえで，こうした取組みについては，年度首に開催される事務所長会議，総務課長会議，部門長会議を通じてより徹底されていった。そして，地方局Aと事務所のあらゆる幹部層での共有が図られていったのである。

また，職員に対しては，次のようなメッセージが発信された。

日常の事務処理において気付いた点や問題点については，1つには先例や固定観念を疑ってみる柔らかな発想で，2つには部門を越えたつながりをもって，3つには今すぐにできなくても将来はという柔軟な時間感覚で，工夫・改善について発想・アイデアを出し，それを提案の手続きに乗せていきましょう。

事務改善活動の推進は，その広がりをみせていくにつれ，次のような効果も期待できるようになってきた。まず，改善意識の浸透により，標準的な手順というものが意識されるようになり，新人や若手職員に対する教育効果が図れること，次に，快適で気持ちの良い仕事ができる職場環境の醸成が図れること，さらに，仕事を与えられたものとしてではなく自分自身の課題として捉えることができるなどモチベーションの向上にもつながることであった。こうした事務改善活動により，日常の事務を日々，見直していくことは，行

政組織にとっていわば宝の山であった。このような宝の山は，特に，定員事情が厳しくなればなるほど，また，新たな課題に対する事務の必要性が高まれば高まるほど重要となってくるのであった。

そして，事務改善提案等については，可能なかぎり活用を図っていくため，提案のうち，そのまま活用できる有効提案については，全事務所へ活用を横展開していった。また，有効提案以外の提案についても，提案内容を見直すことによって活用が図れそうなものは，主管課から助言することにより見直した提案の活用を横展開していった。

その一方で，実際の提案の活用状況をみると，提案件数自体は，以前は400件程度だったものが800件以上に増加しており，改善意識は高まってきていた。しかしながら，提出された800件以上の提案のうち，有効提案として活用したのは130件，さらに主管課からの助言により見直した提案を活用したのが130件であり，残りの540件以上の提案は活用に結びついておらず，廃案となっていたのであった。

そこで，こうした問題を解決していくためには，主管課だけに助言を求めていたのでは，同じことの繰り返しになると考えた。そこで，事務改善提案等は，原則として廃案にすることなく使い切らなければならないとの問題意識のもと，各主管課の若手職員によるワーキンググループ（WG）を結成し活用に向けた再考を重ねていくこととした。ワーキンググループの結成に当たっては，1つには，主管課の判断だけでは再考ができなかった提案でも，事務系統を越えた検討により再考ができて活用に結びつくのではないか，もう1つには，局に登用されて間もない若手職員の方が柔軟な発想ができるのではないかという点に配意したのであった。

ワーキンググループは，**図表Ⅱ-4-1**の「提案の活性化フロー」に基づき，廃案となりそうな提案に対して1つひとつ丁寧に再考していった。そして，こうしたワーキンググループによる提案の再考によって，800件以上の提案のほとんどが活用に結びつき，廃案となったのはわずか30件程度にすぎなくなっていったのであった。そして，こうした事務改善提案等の再考によるさ

図表Ⅱ-4-1 提案の活性化フロー

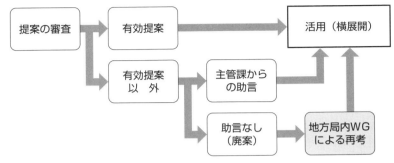

出所：著者作成。

らなる徹底的活用を通じて，前年度の20,000人日に加え，（$a+1$）年度の（$a+1$）年10月時点で，新たに約3,000人日の事務量が効率化できることが見込まれていったのである。

小　話　　　　　　　　　　　　　　　**地方局Aにて**

リーダー：今日皆さんにお集まりいただいたのは，各事務所の職員から寄せられている提案について，各主管課で再考されなかった提案について，主管課とは違った目でみて再検討して掘り起こしを行うためです。

係員A：再検討と掘り起こしって，各課で一度ダメと判断した提案でしょ！？　いくら再検討したってダメなものはダメじゃないの。

リーダー：事務所の職員は改善が必要と感じているから提案してきているんだから，局員がこれだけ集まればその提案を活かしていける案が考えられるんじゃないかな。

係員B：そうは言っても，通常事務が忙しくて…。それにそんなにいい提案があるとも思えないし……。

リーダー：通常事務は工夫してやれば時間はとれるはずだよ。私たちがちょっと検討する時間を割くだけで，もし，提案の活用が実現すれば事務が効率化して，私たちの検討時間以上の事務所の事務量が浮くんだよ。事務所の事務の効率化のための先行投資だと思ってがんばってみようよ。

それに，事務所の職員にとっても，自分が改善として声を上げたことで，内容が少し違えども実際に改善が図れることで，さらなる改善意見につながって，職員のモチベーションアップや効率化の意識向上にもつながるんじゃないかな。今までに，こんな取組みなんてしたことないし，私たちじゃないとできない仕事だと思ってがんばってみようよ！

係員たち：そう言われればそうだな。みんな力を合わせてがんばってみるか！

2 事務改善提案がBPR（大きなプロセスの抜本的改善）を誘発

現在，行政分野においては，さまざまな形でBPR（ビジネスプロセス・リエンジニアリング）が検討され，また，実施されようとしている。国の執行機関Xの組織においても，行政の将来像を公表し，その実現に向けてBPRに相当するさまざまな業務改革が検討されていた。そうしたなかにあって，「人日管理」の一環として展開している事務改善活動は，このようなBPRに相当する業務改革を誘発する側面もあった。

たとえば，その他の事務については，現行，事務所ごとに業務管理部門と特定業務部門で分担して事務処理を行っている。これらの事務処理について，業務処理センター（仮称）という機能部署を設け，複数事務所のその他の事務を業務処理センター（仮称）で集中的に事務処理していくことが検討されていた。そうした検討過程のなかで，事務改善提案等が活かされていた。

具体的には，関係者から提出された申出書のエラー解明事務については，その他の事務処理の一部であるとされていた。現行の事務フローでは，業務管理部門と特定業務部門で書類や事務処理結果を受け渡ししていたが，これを見直して，特定業務部門に渡さずに業務管理部門で統一的に処理した方が効率的であるとの事務改善提案等がなされた。そこで，試行的に活用した結果，効率化できる事務量が捻出されることが見込まれたことから，それを端として，業務処理センター（仮称）で行う事務処理については，業務管理事務と特定業務にかかるその他の事務に区分することなく，両者を集約して一

体的に事務処理するよう，その他の事務処理の業務プロセスが抜本的に見直されることとなった。

　また，もう1つの例としては，それぞれの事務所で行っている電話による行政指導事務について，コールセンター（仮称）という機能部署を設け，複数事務所の事務をそこで集中処理していくことが検討されていた。その検討過程のなかでも事務改善提案等が活かされていたのである。

　具体的には，電話による行政指導事務の一部である申出書の誤りの是正事務については，それぞれの事務所で実施している件数がそれほど多くなく，他の事務処理とかけもちしながら実施していた。このような現行のやり方は非効率であるため，事務所ごとに実施するやり方から1カ所にまとめて集中処理した方が効率的であるとの事務改善提案等がなされた。そこで，複数事務所の件数をまとめて地方局Aにある特定の部署で集中処理したところ，効率化できる事務量が捻出されることが見込まれたことから，それを端として，電話による行政指導事務全般について，コールセンター（仮称）で非常勤職員を電話照会業務に活用しながら集中処理していくよう業務プロセスが見直されることとなった。

　さらに，関係者に提供する個別のサービスにおいても，業務プロセスの抜本的な見直しが検討されていた。関係者に提供する個別のサービスについては，かなりの事務量を要するものであることから，従来からさまざまな改善が図られてきた。

　「人日管理」の取組みにおいても，当初，関係者に提供する個別のサービスにかかるコスト分析を，管理会計の手法である活動基準原価計算（ABC）の考え方を取り入れて職員が関係者に提供する個別のサービスに従事する人日を金額換算することによって検討していた。しかし，事務量に着目した方がなじみやすいとの意見が出されたことを受けて，その後，金額換算の原価から，事務量換算に変えて効率化を検討していった。そして，各事務所での工夫を凝らした効率化策は，ベストプラクティスという形で横展開され事務量の削減が図られていたのであった。

180

その一例としては，申出書の作成に当たり職員等のサポートを必要としない関係者については，申出会場に設置してあるパソコンを使用して関係者自らが作成できるコーナーへの誘導を促進することが有効であると判断された。また，申出書の作成に当たり職員等のサポートが必要な関係者についても，事前に申出内容の確認を行うことなくパソコンを設置しているコーナーへ誘導してパソコンを使用して申出書を作成しながらサポートしていくという方式を促進することなどが有効であると判断されたのであった。

　そして，事務量換算による相談効率の分析を継続していったところ，申出期間中は効率的な処理ができていた。しかし，申出期間前は，申出相談の掘り起こしをしていないことなどから，相談効率が低い状況が確認されたのであった。そこで，申出期間前の申出相談については，代理人団体と連携することなどを通じて，事務所での申出相談を廃止してはどうかとの改善提案等が出された。その結果，申出相談は申出期間だけ行うという抜本的な業務プロセスの改革が検討されることとなり，この改革により，相当程度の事務量の削減が見込まれると試算されたのであった。

　このように，事務改善活動はさまざまなレベルのものが内包されていた。その結果，事務改善活動を契機にBPRに発展していくようなさまざまな業務改革もみられることとなったのであった。

小　話　　　　　**地方局Aにて**

局　員　A：課長，最近BPRってことが言われてますけど，どういったことなのですかね。

課　長　B：課題を解決するために，業務プロセスそのものを抜本的に改善していくことだよ。

局　員　A：うーん。なかなかイメージがわきませんね。

課　長　B：たとえば，少し古くなるけど，申出における関係人自らによる申出書の作成は，BPRと整理できるんじゃないかな。

申出における相談事務を関係者の関係人自らによる申出書の作成を推進する

ことによって効率化し，還付の申出にかかる事務量を削減していく。そして，
削減した事務量を行政調査事務に拡充していく。人日の有効活用を図るため
の業務プロセスの抜本的改善になってるよね。

局　員　Ａ：なるほど。ほかに，例はありますかね。

課　長　Ｂ：大企業関係特定業務課の『特定行政分野に関するコーポレートガ
バナンスの充実に向けた取組』も，ある意味BPRと整理できるよ。
大規模企業に対する行政調査の間隔を延長することにより生じる余剰日数を，
単なる他の行政調査への日数の振替にとどめることなく，より行政調査の必
要度の高い企業に対する行政調査など，国全体の申出水準の維持・向上が図
れるような事務に配分していくことだから，これも人日の制約からきている
取組みだよね。

局　員　Ａ：BPRについては，わかりました。でも，私たちが推進している事
務改善提案もBPRへとつなげていくことができるのですか。

課　長　Ｂ：現場目線の気づきがBPRに展開されていくことも十分に考えられ
るよ。

局　員　Ａ：なるほど。われわれの事務改善提案が大きな話になる可能性もあ
るということですね。

課　長　Ｂ：そのとおり。みんなのアイデアで，全国で実施されているわれわ
れの仕事の仕方を変えていこうよ。

局　員　Ａ：なんか，ワクワクしますね。

3　想定しにくかった，効率化できた事務量の転換プロセスによるロス

　「人日管理」における事務量の転換については，その他の事務で効率化し
た事務量を，事務系統・部門を越えて特定事務に投入することであった。そ
のため，その他の事務において効率化した事務量が，事務所の事務運営のな
かで，どのように各事務系統や部門に配分され，どのようなプロセスを経て
特定事務量に転換していくのかについて着目し，可視化していった。そして，
事務量を転換していくプロセスを，このような可視化を通じてマネジメント
していくことは，事務所の組織戦略である「事務所運営全体プラン」におけ
る戦略的なミスも発見しやすくなり，タイムリーに計画の修正や次善の策を

図表Ⅱ-4-2　人日管理シート

	効率化リソースA	他部門への応援等日数B		特定事務等への追加投入日数C		
			転換率（B／A）		活用率（C／B）	インプット／アウトプットの効率（C／A）
全事務所計	人日 17,070	人日 16,802	% 98.4	人日 14,634	% 87.1	% 85.7

出所：著者作成。

講じやすくなるといった効果も期待された。

　この事務量を転換していくプロセスについては，事務量を可視化するため「人日管理シート」と称した表を活用した（**図表Ⅱ-4-2**）。

　「人日管理シート」では，まず，各部門でのその他の事務において効率化できる人日を把握（A欄に記載）したうえで，そのうち他部門の事務に投入できる人日を把握（B欄に記載）し，実際に転換できた率（B／A）を転換率として把握する。さらに，特定事務へ投入される人日を把握（C欄に記載）し，特定事務に活用できた率（C／B）を活用率として把握する。最後に，その他の事務の効率化事務量がどれだけ特定事務に活用できたかの効率（C／A）として把握するものであった。

　このポイントとしては，リソースとなるAの部分は，その他の事務の効率化が各部門でどれだけ図れているのか可能なかぎり精緻化していくことが重要である。また，他部門への応援等日数となるB以下の部分が，事務量を転換していくプロセスの肝となる部分であった。そこでは，あらかじめ事務量の受け入れを考えてどれだけ特定事務へ回せるかを検討しておかないと，いくらその他の事務を効率化して事務量を捻出できたとしても，その事務量を転換していくプロセスの途中でロスが生じることになるのであった。その他の事務を効率化して事務量を捻出し，その事務量を有効活用して組織戦略を確実に実施していくためには，このような細々とした業務の見直しと業務改革こそが重要なのであった。まさに，「神々は細部に宿り給う」である。

「人日管理シート」を活用したマネジメントについては，まず，「人日管理」

導入後の翌年度（（$a+1$）年度）の秋に開催した各県単位のブロック別事務所長会議で意見交換を行った。そこで明らかになったのは，事務量の捻出と転換をうまく機能させている事務所がある反面，事務量の捻出が曖昧であり，また，事務量の転換がうまく機能していない事務所が見受けられたのであった。

　事務量の捻出と転換をうまく機能させている取組みの例はいくつかあった。たとえば，ある事務所では，事務改善活動等によって捻出できる事務量をあらかじめ月ごとに積算して，どれだけの事務量が他の部門に転換できるか月間計画を立てておいて，毎週開催している各事務系統のチーフ会で月間計画の微調整を行いながら事務量の受渡しを行っていた。また，別の事務所では，事務系統間を越えたその他の事務の効率化を円滑に行っていくため，事務所内のレイアウトを変更して各事務系統のその他の事務を担当する職員をワンフロアーに集めて繁閑調整を推進していたのである。

　反面，事務量の捻出と転換が機能していない取組みの例もいくつかあった。たとえば，まず，ある事務所では，特定事務へ投入できるとする日数を根拠もなしに先に見積もり，逆算してその他の事務の効率化によって捻出できるであろうとする事務量を計算していた。また，別の事務所では，その他の事務の効率化により捻出できる事務量を特定事務に転換せずに，事務処理のチェックにばかり費消していた。さらに，別の事務所では，効率化した事務量で他の事務の支援に回せるものがどれだけあるのか，それを受け入れる部門はどのような事務を支援してもらうのかといった事務の受渡しを何ら計画せずに行き当たりばったりで事務量の受渡しを行っていたのであった。

　そこで，事務量の捻出と転換が機能しているモデル的な取組みについては，全事務所に横展開していった。また，同時に，事務量の転換の仕方に問題があると認められる事務所に対しては，実地に臨場して指導と当該事務所で当初に作成した「人日管理シート」の見直しを依頼した。

　そうして，事務量を転換していくプロセスにおけるロスを最小限にするため，次のような点について全事務所で共有していったのである。

一点目は，事務の「玉突き」と「溜め」であった。事務量の転換のためには，その他の事務を主に担当する部署（業務管理部門）の職員は，自ら生み出した効率化できた事務量を使って，他の事務系統のその他の事務（特定業務にかかるその他の事務）のうち行政調査権限を行使せずにできる事務を支援し，他の事務系統のその他の事務を担当する職員（特定業務内部職員）は，支援により浮いた事務量を自らが行政調査事務等の特定事務に使うか，行政調査担当職員の行っている事務を支援するなどして，段階的にその他の事務において効率化した事務量を特定事務に押し出していかなければならない。

しかし，事務改善等によるその他の事務の効率化で捻出される事務量は，細かい分単位の積み重ねであって，発生のタイミングもそれぞれであることから，そのままの状態では他の事務に円滑に転換していくのは難しい。特定事務のうち行政調査事務に円滑に転換していこうとすれば，行政調査を1件実施していくのに必要となる日数は，およそ6人日であり，行政調査事務に活用できる最低限の事務量を確保するためには，数ヵ月先の事務まで見越して前倒しするといった「溜め」が必要となるのである。このように，効率化する事務と転換先の事務との間で，事務量の不足や時期のズレ，個別事情等で事務量の転換が円滑にできなければ，せっかく生み出した事務量は，その他の事務の間延びとなって消えてしまうのである。

二点目は，支援元と支援先との緊密なコミュニケーションであった。円滑に事務量を転換していくためには，効率化で捻出した事務量を財源に，他部門を支援する部署（業務管理部門）と，支援を受け特定事務量を確保する部署（特定業務部門）との間で，支援できる事務と支援してほしい事務の内容と，実際の従事者を念頭に置いた支援時期のすり合わせが綿密に行われる必要がある。また，これを実施するためには不断の微調整も必要となる。

三点目は，代替策の準備である。効率化した事務量が行政調査事務と完全にマッチングできない場合でも，極力ロスを少なくするためには，行政調査事務以外の特定事務での予備的な代替事務を準備しておくことが有効である。たとえば，行政調査1件分の最低限事務量が確保できなくても，行政調査を

補完する事務である書面での照会等による行政指導の事務や，関係者の申出や過去の行政調査状況等を管理する事務，関係者の情報等を収集する事務等に投入することで，トータルでの管内の申出水準が向上するのであれば，そのような事務に事務量を配分すればよい。

こうした「人日管理」によるプロセスを重視したマネジメントには，もちろん，組織運営上の効果として，特定事務量が増加したという事務運営上のメリットもあった。しかし，それ以上に重要であったのは，事務所幹部が，その他の事務において効率化した事務量をどのような形で特定事務に投入できるかを考えて計画を立て，継続的に状況を観察し，想定どおりになっていない場合に，その過程のどこで問題があったかを具体的に把握したり，必要に応じて途中で計画を見直したり，代替策を考えるといった，事務量に途切れがないように，これを供給サイドからみる視点をもてるようになったということであった。

このようにして，「人日管理」というかぎられた人的資源である事務量をシステマティックに分析していく画期的な取組みは，地方局Aにおける普遍的な取組みとして，また，事務運営上の習慣として定着していった。従来は，それほど事務量を分析することなく人員を投入し，行政調査事績や収納事績などの結果さえ出していれば評価されていた。しかし，定員事情が厳しくなった現在においては，かぎられた人的資源を「人日管理」という手法を使って，われわれが使える事務量がどれだけあるか，事務改善等によってどれだけの事務量を効率化して，それをどうやって有効活用していくか，適正な申出の実現という目標に向けての施策にどうやって充てていくかが重要となってきていた。そこで，地方局Aでは，このプロセスを可視化し，検証していくということに，機能的に取り組んでいったのであった。

> ### 小　話　　　　　　　　　　事務所長室にて
>
> **局 課 長 A**：B事務所長，B事務所ではその他の事務で効率化した事務量の特定事務への活用率が100%となっていますが，どういうプロセスでそうなるのですか？
>
> **B 事 務 所 長**：Aさん，それは投入すべき特定事務から逆算して効率化事務量をはじき出したからですよ。
>
> **局 課 長 A**：えー！　それじゃあ，効率化事務量がどれだけ捻出できるかも曖昧ですし，どのように事務量を転換して活用していくか把握できないじゃないですか！
>
> **B 事 務 所 長**：そうなんだけど，どうしたらうまくいくのかよくわからないんだよ。
>
> **局 課 長 A**：そうですねー。わかりやすく言いますと，その他の事務担当者1人ひとりがどのような事務にどれだけ従事するかといった動態表（**図表Ⅱ-4-3**）を計画するんですよ。業務管理部門では，その他の事務を効率化していくと動態表に空きがでてくると思いますので，その空きの部分が他部門へ支援できる事務量となるんです。そして，他部門のその他の事務担当の動態表に支援事務量を入れていくと，今度は他部門のその他の事務担当に空きが出てきますから，その空きで行政調査など特定事務へ従事することができるようになるじゃないですか。こうした，動態表を計画ベースで作成することにより，超過勤務の縮減やら休暇の取得にもつながるんですよ。そうしたワークライフバランスに活用すると，転換率や活用率が100%にはならないはずですよ。ほかの要因で特定事務へ活用できない場合もありますが，できるかぎりロスを少なくしていこうというのが，この取組みなんですよ。
>
> **B 事 務 所 長**：なるほど。わかったよ。計画を練り直してみるよ。
>
> **局 課 長 A**：よろしくお願いします。

図表Ⅱ-4-3 動態表を活用した事務管理

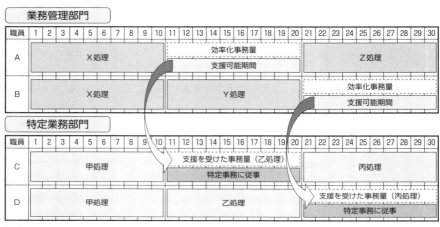

(注)
1 業務管理部門の職員Aは，Y処理事務の効率化によって11日から20日の間に空きが生じることから，特定業務内部部門の乙処理を支援することができる。
　それによって，特定業務内部部門の職員Cは特定事務に従事することができる。
2 業務管理部門の職員Bは，Z処理事務の効率化によって21日から30日の間に空きが生じることから，特定業務内部部門の丙処理を支援することができる。
　それによって，特定業務内部部門の職員Dは特定事務に従事することができる。

4　その他の事務の集中化への試行および集中処理における事務量分析

　「その他の事務の効率化による特定事務量の確保」については，全国的にも検討さていた課題であった。その一環として，小規模な事務所のその他の事務と近隣の大規模な事務所のその他の事務を集中化し，大規模な事務所で処理していくことが試行されていた。そこで，地方局Aにおいても，管轄内には小規模な事務所が多いという特性もあることから，事務所の管轄が同一市内にある小規模なS事務所と大規模なO事務所の間で，その他の事務の集中化を試行することとした。

　ただし，その他の事務の集中化の試行に当たっては，「人日管理」による取組みと並行して行うこととした。その理由としては，地方局Aにおいては，

「人日管理」の取組みにより，その他の事務で効率化できる事務量が相当程度に確保できる見込みであったこと，また，新たな体制での試行を行う場合には，そこにムダも発生することから，「人日管理」によりムダ取りも併せて行っていく必要があったためである。

そこで，地方局Aでは，（$a+1$）年度において，その他の事務の集中化の試行について，次の3つの視点から分析することとした。1つ目は，「人日管理」による効率化の効果とその他の事務の集中化の試行による効率化の効果をそれぞれ区別して分析を行うことである。2つ目は，その他の事務の集中化の試行によるメリット部分である効率化の効果だけではなく，試行により新たに発生してしまうデメリット部分となる事務量についても分析を行うことである。3つ目は，試行開始までの準備期間に必要な初期投資コストが何年で回収できるのか，回収期間の分析を行うことである。この3つの分析のなかで工夫した点は，3つ目の初期投資コストの回収期間の分析を，金額により計算するのではなく，事務量（人日）を使って計算したことであった。

具体例で示すと，その他の事務の集中化の試行のための初期投資コストとしては，準備のために要する事務量（人日）が約150人日であり，備品等の物件費に要する金額が約540万円であった。この物件費の金額540万円を事務量（人日）に換算すると，約170人日に相当する。そうすると，準備のための事務量150人日と物件費を事務量に換算した170人日を合わせて320人日相当の初期投資コストを要すると計算できるのであった。一方，試行開始後の効率化の効果は，集中化によるメリット部分である効率化できる事務量約280人日からデメリット部分として新たに発生する事務量約200人日を差し引いて，年間80人日相当の効率化の効果が生じる見込みであった。したがって，その他の事務の集中化にかかる初期投資コストの回収期間は約4年かかると計算できたのであった。

このようなその他の事務の集中化の試行による効果とは別に，「人日管理」による効率化効果を試算すると，1,000人日以上の事務量の捻出が可能であった。つまり，その他の事務の集中化という体制の変更だけでは，初期の投

資コストの回収期間が約4年もかかるのであるが，これを「人日管理」による取組みと併せて行うことにより，初期投資コストの回収は1年以内にでき，効率化を図ることができるという見込みが立つのであった。

　いずれにせよ，こうしたその他の事務の集中化というような事務処理体制の変更の際には，「人日管理」による取組みやムダ取りを併せて行いながら実施していくことが必要である。机上での定性的な検討だけでは，実際のメリット・デメリットは，必ずしも明らかとはならないのである。

　また，さらに，その他の事務の集中化の試行をふまえて，事務所におけるその他の事務を集中処理することによる効率化も検討されている。このような集中処理を進めていく場合であっても，集中処理した場合の効率化の効果として，どの程度の事務量が見込まれるのかなど事務量分析が必要となる。また，効率化できた事務量をどのようにして特定事務に活用していくかについて考えておくことも重要である。その他の事務と特定事務が存在する事務所においては，効率化できた事務量は，事務量の転換によって特定事務へ投下できるようになるのである。集中処理体制のもとで，効率化できた事務量を特定事務での有効活用に向けて，どのように「人日管理」していくか十分な検討が必要である。さらに注意しなければならないのは，このような事務処理体制の変更を行う場合には，たとえば，ミスが生じないように事務量を確保しておくことも必要となると考えられる。そこで，どのような方策で事務処理の品質管理を行っていき，ミスを防止していくのかといった措置を図ったうえで事務量を勘案すべきである。そして，ムダ取りに向けての事務改善活動もまた併せて推進していくことも必須なのである。

小　話　　　　　　　**地方局Ａにて**

局　員　Ａ：その他の事務の集中化を試行するには，どの程度の初期投資コストが必要になるのかな。

局　員　Ｂ：帳簿書類の整理などの準備事務に〇人日くらいかかります。また，

営繕係に聞くと，受け入れ側のロッカーなどの備品や消耗品などの物件費に〇百万円必要だそうです。

局　員　Ａ：Bさん。その物件費を人日に換算できるかな？

局　員　Ｂ：えー！　物件費を人日に！　そんなことして何の意味があるんですか？

局　員　Ａ：金額と人日といった違った物差しでは，初期投資コストが何年で回収できるかわからないだろう。金額を事務量に換算すれば，集中化による効率化事務量からみて，何年で回収可能か計算できるじゃないか。

局　員　Ｂ：なるほど。そういう考えもあるんですね。しかし，金額を事務量に換算するのは難しいですよ。

局　員　Ａ：それほど，精緻なものでなくていいんだよ。投資効果の参考になればいいんだからね。金額を職員１日当たりの平均給与で割るザクっとした方法でいいよ。

局　員　Ｂ：わかりました。早速，概算で計算してみます。

5　事務量分析の活用で，その他の事務のみならず，特定事務の有効活用にも

　地方局Aにおいては，「人日管理」の取組みの徹底により，その他の事務の効率化による特定事務量の確保は図られていったが，何とかかき集めて確保した特定事務量に見合うほどには特定事務の成果は上がっていなかった。「人日管理」導入後の見込みでは，その他の事務量の効率化による特定事務量の確保と特定事務におけるPDCAの徹底等により，行政調査件数がかなり増加するとの試算の下で努力してきたのであったが，残念ながら，実際にはそれほど増加していなかったのである。

　そこで，地方局Aでは，その原因について事務量分析を行った。現在，事務区分はかなり詳細に定められており，特定事務においても，また，行政調査事務においても詳細に区分されている。このため，事務量分析に当たっては，事務事績をシステム化した「システム」を活用することで，どのような事務に事務量が投入されたのか詳細に原因究明ができるのであった。自らの手元にある武器にあらためて気づいたということである。

事務量分析の結果，行政調査件数が増加していない原因は，大きく次の３点に絞られることが判明した。一点目は，行政調査事務に充てるべき事務量が，行政調査先を選考するための行政調査先の選考事務に充てられていた。行政調査先の選考事務については，管理者である部門長が主として行う事務であり，部門長以外の部門の職員は補助的に行うのみでそれほど事務量を要しないはずであるところ，実際には部門の職員が行政調査先の選考事務にかなり従事しており，そこに余分な事務量が投入されていた。

　その原因を確かめると，１件の行政調査が終了して，次の行政調査に着手するまでの間の人日が，行政調査先の選考事務に充てられていたのであった。行政調査は，任意の行政調査であることから，関係者の都合等により日程の調整が難しい面がある。そのため，１件ごとに行政調査してその行政調査が終了した後に次の行政調査に着手しようとすれば，１つの事案が終了して次の事案に着手する間に隙間の人日が生じてしまい，本来，行政調査事務に充てるべき人日が行政調査先の選考事務に余分に充てられるなどのムダが生じやすくなるのであった。

　二点目は，行政調査事務量の内訳をみると，事務量が行政調査手続に関係する書類の作成等の事務にかなり投下されていた。行政調査の手続きにおいては，行政調査の終盤で，行政調査した内容を関係者に提示するのであるが，提示する前に行政調査した内容を事務所内で整理して判断に誤りがないか審査することとなる。その行政調査した内容の事務所内での整理や，審査のための事務，行政調査手続のチェック表の作成等にかなりの事務量が投入されていた。

　行政調査した内容については，事実関係や法令に基づいて誤りのないよう正確に関係者に提示しなければならない。そこで，行政調査した内容の整理や専門の担当者を交えた審査は必要となるが，事案の内容によって，その度合いは異なってくるものであり，事務量のかけ方も違ってくる。行政調査した内容に虚偽等がありペナルティを科さなければならない場合や，関係者等が行政調査した内容に疑義を示す場合には，行政調査上の争点について，事

実関係の整理や法令等の適用の審査が相当必要となり，そのための事務量の投下は必要である。一方，行政調査した内容について，関係者が自ら認めている場合には，その事実関係と法令の適用に誤りがないかぎり，それほどの事務量を投入する必要性はそもそも薄いこととなる。しかし，こうした事案の濃淡があるにもかかわらず，実際には，事務量をかける必要のないものまで，余分な事務量が投下されていたのであった。また，行政調査手続についてチェックする必要性が薄い事項にまでチェック表を作成し，事務量を投下していることも明らかとなった。

　三点目は，実際に行政調査するために投入した事務量を行政調査1件当たりで平均すると，行政調査件数が増加するとの見込みをたてた際の行政調査1件当たりの事務量に比べかなり増加していた。その一因としては，申出内容に誤りがみられなかった事案に対して，必要以上の事務量が投下されていたことが判明した。さらに詳細に分析してみると，関係者の帳簿書類等を留置きして，事務所内で検討されていた事案に日数がかかり過ぎていたのである。行政調査において帳簿書類等を留置きする場合としては，行政調査先の社内事務所等で行政調査を行うスペースがない場合や関係者の負担軽減の観点から留置きが合理的と認められる場合がある。しかし，分析してみると，行政調査担当者の安易な判断で帳簿書類等を留置きして，事務所内で検討している事案が見受けられた。そのような事案においては，関係者に質問すればその場で解決するにもかかわらず，帳簿書類等を事務所内に留置きしていることから，質問をせずに帳簿書類での余分な検討作業を行っており，そこに，ムダな事務量が費消されていたのであった。

　このような分析結果を受けて，その他の事務の効率化により捻出された事務量が，特定事務で有効活用されていないのは問題であるとの認識のもと，事務量を有効活用するため，次のような改善策を講じたのであった。

　一点目の原因であった行政調査の終了と次の行政調査の着手までの間に生じる隙間の人日については，それをできるかぎり解消していくため，**図表Ⅱ-4-4**で示すとおり，事案ごとに担当者の行政調査計画と実績を示すガント

チャートのような「行政調査線引き表」を活用して見える化していった。ガントチャートとは，工場の生産管理などで工程管理に用いられる棒グラフの一種であり，横棒によって作業の進捗状況を表し，作業計画を視覚的に表現できるものである。地方局Aでは，行政調査において事案ごとの行政調査計画と実績，進捗状況を効率的に管理するために，生産管理の手法を活用することとしたのであった。

また，二点目の原因であった行政調査手続に関係する書類の作成等の事務

図表Ⅱ-4-4　行政調査線引き表での見える化

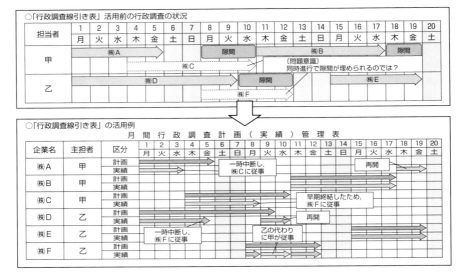

(注)「行政調査線引き表」
1　「行政調査線引き表」は，担当者が隙間なく行政調査へ従事するための管理表である。
2　甲は，㈱Aの行政調査を始めた後，一時中断して㈱Cの行政調査を始める。㈱Cの行政調査が計画より早期に終了したため，㈱Bの行政調査まで間があるので，乙の代わりに㈱Fの行政調査を行い，その後㈱Bの行政調査を始めて，㈱Bの行政調査が終結した後，㈱Aの行政調査を再開する。こうして，甲は，月間を通じて隙間なく行政調査事務に従事することとなる。
3　乙は，㈱Dの行政調査を始めた後，一時中断して㈱Fの行政調査を始める。そして，甲が㈱Fの行政調査を一時代わってくれるので，その間㈱Dの行政調査を再開し終結させる。その後，㈱Fの行政調査に戻り結させて，㈱Eの行政調査を始める。こうして乙も，月間を通じて隙間なく行政調査事務に従事することとなる。
出所：著者作成。

については，事務量を削減するため，行政調査した事案の行政調査内容に応じて事務量の弾力的な活用を図ることとした。具体的には，関係者が自認している事案については，部内的に作成する資料を削減して省力化するとともに，行政調査手続に関するチェック表を見直し，必要性の薄い一部については廃止するなど簡略化していった。

　三点目の原因であった必要以上の行政調査日数の投下については，行政調査を指令する際にあらかじめ目安となる日数を暫定的に決めるとともに，行政調査の過程で申出内容に問題があると認められる端緒を把握した場合には，「端緒連絡せん」という様式を設け作成することとした。そして，この「端緒連絡せん」の作成がある事案については，あらかじめ指令された暫定的な行政調査日数に加え，必要な行政調査日数の追加投与を行うこととした。ただし，「端緒連絡せん」の作成がない事案は，暫定的な行政調査日数での行政調査の打ち切りを徹底した。さらに，帳簿書類等の留置きについては，やむを得ない場合に限定的に行うよう徹底を図った。

　また，行政調査に関する事務管理については，管理者である部門長のマネジメントに左右されるものである。このため，部門長が行政調査に関するマネジメントに充てる事務量を確保するため，部門長の業務のうち委任が可能なものについて，部門の筆頭的な立場にある上席に業務の一部を分担させていった。

　地方局Aでは，このようにして，特定事務においても「人日管理」による事務量分析を活用して，さらなるムダ取りや事務量の不必要な費消の解消を図っていったのである。

6　他局と比べて高い特定事務の割合

　地方局Aにおいては，「人日管理」の取組みである事務改善活動の推進やその他の事務でのPDCAによりその他の事務の効率化を図り，その他の事務量を削減しつつあった。その一方，厳しい行財政事情のなかでの定員の削減，

育児や介護等のための職員の休業や休暇の取得等によって，職員全体の総稼働事務量は減少しつつあった。このため，総稼働事務量が減少していくなかではやむを得ないことではあるが，その他の事務の効率化による事務量が捻出できたとしても，特定事務に活用できる事務量の増加は，総稼働事務量の減少分を差し引いたものとならざるを得なかった。

そこで，「人日管理」の目的とするところは，その他の事務を効率化して特定事務を拡充することであることをふまえ，どれだけ特定事務量が確保できているのかを検証する観点から，総稼働事務量に占める特定事務量の割合に着目することとしたのであった。

たとえば，事務系統の１つである法人特定業務事務の特定事務量の割合の推移をみると，「人日管理」導入前の（$a-1$）年度においては47.0％であったが，「人日管理」を導入したa年度には51.8％となり，（$a+1$）年度は53.5％となり，そして（$a+2$）年度は54.3％と高まっていたのであった。また，全国平均と比較しても，（$a-1$）年度は全国平均を下回っていたが，「人日管理」導入以後は，全国平均を上回り，他局と比べても高い割合となっている。これは，他の事務系統である個人特定業務事務および財産関係特定業務事務においても同様の傾向であった（**図表Ⅱ-4-5**）。

図表Ⅱ-4-5　法人特定業務事務における特定事務量割合の推移

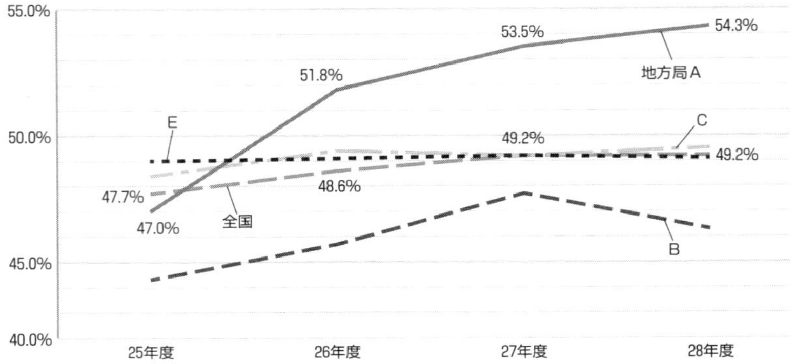

出所：著者作成。

特定事務の割合が高まっている状況や他局と比べても高い状況は，**図表Ⅱ-4-5**に示されているとおりである。これは，まさに地方局Aにおける「人日管理」の取組みの表れであった。かぎられた事務量（人的資源）のなかで，その他の事務を効率化していき，真に必要な事務である特定事務に投入する事務量の割合を高めていくという事務量のマネジメントが取り組まれていることを雄弁に物語っているのであった。

なお，ここで急いで補足しなければならない。図表Ⅱ-4-5で示された数字の外側に，特定事務の見直しによる行政調査件数の増（量の向上）や，本来であれば特定事務量の増となった定員減少分に加え，各事務所の「事務所運営全体プラン」と結びつけられた各種の取組みによる効果性の向上（質の向上）といった点，さらにはその他の事務のミス減少に伴う手戻りの減といった効果も存在する。これらの点は留意されなければならない。

7 マイナンバー本格化への前哨戦として

マイナンバー制度は，行政の効率化，国民の利便性の向上，公平・公正な社会の実現のための社会基盤として，平成28年1月から，社会保障・税・災害対策の行政手続で，マイナンバーの利用が始まっている。

マイナンバーのメリットとしては，1つ目として，行政事務を効率化し，人や財源を行政サービスの向上のために振り向けられること，2つ目として，社会保障・税に関する行政の手続きで添付書類が削減されることやマイナポータル（政府が運営するオンラインサービス）を通じて1人ひとりにあったお知らせを受け取ることができることや，各種行政手続がオンラインでできるようになることなど，国民の利便性が向上すること，3つ目として，所得をこれまでより正確に把握するとともに，きめ細やかな社会保障制度を設計し，公平・公正な社会を実現することが挙げられている。

現在のところ，マイナンバー制度の本格的な活用に至っていない。しかし，関係者から提出される申出書などの提出書類等にマイナンバーの記載が必要

となったことから，関係者が書類を提出する際に本人であることを確認する事務やマイナンバーが記載された書類等を厳重に管理するための事務に新たな事務量が必要となってきている。また，今後，マイナンバーが本格的に導入されるとマイナンバー制度に関する新たな事務が増加し，事務の流れも大きく変わることが予想されている。そして，こうした事務の変更の際には，どうしても新たなムダが発生する可能性が高くなり，一からのムダ取りを行っていかなければならないのである。

　そうしたなかで，地方局Aの「人日管理」の取組みは，事務量分析や事務改善提案等によってムダ取りを推進することにより，将来，マンナンバーが本格的に導入された際の新たな事務運営の下でも，ムダのない流れを構築していくための準備活動と位置づけられている。換言すれば，マイナンバー本格化への前哨戦として，将来を見据え取り組まれているのであった。

第5章

地方公共団体等との連携

1 「人日管理」の地方公共団体への紹介とその反応について

　特定行政分野においては，国と地方公共団体とは密接な関係にあり，各事務の実施においても連携をとることが多かった。地方局Aにおいても，局と県と市町村との間で「地方特定行政分野協議会」を設けて，それぞれの機関が有する課題について協議することにより連携を強めていた。協議会に挙がる議題としては，お互いの共通した事務である申出に関係する事項や給与等に関する申出書の処理に関係する事項，また，収納に関係する事項が多く挙げられていたが，昨今，新たな議題として，マイナンバーの導入をふまえた対応，申出をしない関係者への対応，国と地方との間での電子データの連携などが挙がってきていた。

　そうしたなか，地方局Aでは，「人日管理」の導入を契機として，国と地方で共通した事務や重複して実施している事務について，それらの事務を効率化できないかという意識が強まってきていた。また，地方局Aにおける「人日管理」の取組みの推進をふまえ，この取組みを地方公共団体へ説明することによって，地方公共団体への展開を図ることができれば，国と地方公共団体の双方の事務について効率化が図られていくのではないかとの認識を強くしていた。

　そこで，「人日管理」の取組みを地方公共団体に説明していくこととし，

199

まずは，トップマネジメントがU市役所幹部研修会において「地方局Aにおける管理会計の活用」と題した講演を行った。その後，各県庁や各市役所へと説明を展開していき，地方特定行政分野協議会の場においても，「事務量による管理をベースとした地方公共団体との連携に向けて」という議題を当局から提出することにより説明していったのであった。

地方特定行政分野協議会における説明の概要としては，まず，地方局Aでは，職員1人ひとりが毎日，1時間等の単位で事務事績を入力しており，事務区分ごとに集計することにより，計画と実績の対比や差額の原因分析，改善策の検討などPDCAで回すことによって事務量をベースとしたマネジメントができている。次に，職員が日常で気づいた改善策を提案する制度があり，その制度の活用により，ボトムアップによる改善提案を横展開して活用することにより，効率化できた事務量を捻出できている。そして，効率化して捻出した事務量については，これを必要な事務へ振り向けることが可能となっている。国と地方公共団体の双方の事務量の把握等を通じて，こうした取組みによる連携・協調を図ることができれば，重複事務の解消や共同事務の推進につながり，お互いのWin-Winの構築ができるとの内容の説明を行ったの

図表Ⅱ-5-1　事務量をベースとした地方公共団体との連携

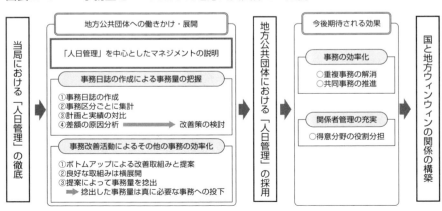

出所：著者作成。

であった（**図表Ⅱ-5-1**）。

　そして，何より強調したのは，ワークライフバランスへの配慮についてであった。すなわち，「人日管理」による事務の効率化は，真に必要な事務への拡充が可能となるだけでなく，超過勤務の縮減や，有給休暇の取得，育児・介護中の短時間職員の活用にも充てることができ，ワークライフバランスに直結するものであるという点であった。

　地方公共団体においても，定員事情は厳しく，ワークライフバランスへの対応も求められており，さらに，マイナンバーの導入への対応等が間近に迫っていることもあって，業務改革は喫緊の課題でもあった。このため，「人日管理」の説明を受けた地方公共団体の反応としては，いずれの団体も取り組めるものなら取り組みたいとの興味が示されたのであった。しかし，実際は，残念ながら，「人日管理」の採用に向けた具体的な取組みには至らなかった。

　たとえば，地方局Aの管轄内の主要都市であるH市に対しては，市側からの要望等もあって，「人日管理」の取組みについて，踏み込んで詳細に説明していった。この説明した後のH市の幹部の反応は，当初，次のように非常に前向きな意見であった。

　市としても，年間相当な人件費がかかっているので，「人日管理」は市にとっても非常に参考になる話であり，行政全体としてもできそうであるので，行政改革を担当する部署「企画局」に上げていきたい。特定行政課としても，事務事績を管理することは効果が多くみられる取組みだと思うし，最近の実情として，関係者に実地に臨場する事務量がなく，電話による対応が主となっているので，その他の事務を削減して本来事務に充てたいところである。特定行政課だけでモデル的に実施することはできなくもないが，「企画局」の判断を待ってでないと実施しづらい面がある。

　しかしながら，市の幹部の思いと裏腹に「人日管理」の試行や採用には至らなかったのであった。それは，市としては，「人日管理」が市においてど

のように使われるのか，全体像がみえていないことから，単なる人減らしの道具にされかねないという警戒感がどうしても先に立ち，消極的になっていると推測されるのであった。

　今後の行政において，国と地方公共団体との連携強化は必須の課題である。このため，地方局Aでは，地方公共団体への「人日管理」の説明は継続して取り組んでいるところである。地方局Aでは，管轄内のどこかの市で「人日管理」を導入したモデル的な取組みを図ることができれば，スピードアップした展開も期待できると考えている。

小　話　　　　　　　　H市にて

Ｈ市課長：地方局Aでは，削減した事務量については，人員を減らしていくわけではなく，行政調査や収納に充てていくと思うのですが，実際どの事務内容に充てたか等の検証はできるのですか？

地方局Ａ：削減した事務量がどのようなプロセスを経て，実際にどのような事務内容に充てたかが検証できるシートを作成し検証しています。

Ｈ市課長：市役所だと，事務量を削減すれば，その削減事務量について，人事当局がすべて人員削減に使ってしまいそうです。

地方局Ａ：あくまでも人減らしのためでなく，その他の事務を効率化して組織として真にやるべき特定事務へ拡充することが目的なんですよ。また，こうした取組みにより超過勤務の縮減などワークライフバランスの向上も図ることができますよ。

Ｈ市課長：超過勤務の削減は，本当に何とかしたいんですよ。確かに人日管理はすばらしい内容だとは思いますが，実際にやるとなると相当に力を入れなければなりませんね。

地方局Ａ：お互いの連携を深めていくことが大切ですので，これからも情報提供していきますよ。

2 重複事務の解消, 情報のデータ連携による 成功実例に基づいた連携の強化

　「人日管理」による取組みについては，地方公共団体に対して即座に展開していくことは難しかった。しかし，その一方で，国と地方公共団体との重複事務の解消等，双方の事務の効率化に向けては積極的に取り組まれた。

　まず，国と地方公共団体の重複事務を解消している例としては，申出をしない企業に対する取組みが挙げられる。稼働していながら申出をしていない申出をしない企業については，国民の公平感を損なうものであることから，これらの申出をしない企業に対して適正な特定業務や執行を図ることが，国および地方とも課題であった。このため，国，県，市それぞれが事務量を投入して，申出をしない企業に対して文書照会や実態確認を実施するなどして特定業務に向けた事務を行っていた。こうした申出をしない企業に対する事務については，国と地方公共団体との重複した事務であり，国と地方公共団体が，それぞれの得意分野を活かした連携・協調を強化することは，事務の効率化と質の高い事務運営につながり，双方にとってWin-Winの関係が構築できる。そこで，重複事務の解消に向けて役割分担した取組みを始めていった。

　ここでいう役割分担した取組みとは，地域に密着している県・市で申出をしない企業への文書照会や実態確認を中心に担当し，行政調査事務に精通している国で稼働している申出をしない企業への行政調査を担当するというものであった。そして，行政調査した結果は，国・県・市の特定行政分野の関係部署で共有して特定業務処理をしていくという取組みを行った。このような取組みが各地域に徐々に拡大していったのは，成功した実例の横展開を図っていったからであった。

　たとえば，成功した実例の１つとして，F事務所とF市とH県での取組みが挙げられる。F事務所においては，申出をしない企業に対する照会文書の発送事務等をF市が担当し，文書回答があった情報をF事務所に連絡するこ

ととしていた。そして，F事務所は文書回答の情報に基づいて稼働している企業は行政調査により申出を徴していき，稼働していない企業は申出をする必要がないとして関係者としての管理から除却処理していった。また，文書回答がなかったものについては，H県とF市が中心となって実態確認を実施し，確認した情報をF事務所に連絡することにより，同様の処理を進めていったのであった。さらに，H県とF市は実態確認に際して，ほかの出張用務のついでにできる事務として進めていったのであった。

このことにより，F事務所の実態確認に要していた事務量は大幅に削減され，その事務量が行政調査に投入できたことで，申出をしない企業に対する特定業務処理が促進していった。また，H県とF市は実態確認をついでにできる事務としたことから事務量が削減され，申出をしない企業に対する県や市の特定業務処理についても，F事務所の行政調査に基づき促進されていったのであった。つまり，お互いがそれぞれに重複して投入していた申出をしない企業に対する事務量が削減・効率化され，特定業務処理の促進といった事務運営の高度化が図られたのであった。

次に，国と地方公共団体で共同事務の効率化が推進された例としては，個人からの申出書の電子データによる地方公共団体から国への引継ぎへの取組みであった。この取組みは，特定行政分野手続の改正（行政手続等における情報通信の技術の利用に関する法律；特定行政分野関係法令にかかる行政手続等における情報通信の技術の利用に関する省令）によって，地方公共団体が収受した申出書のうち，システム等を利用して電子的に作成された申出書等データについては，データによる引継ぎの運用が開始されたことから可能となった取組みであった。地方局Aでは，地方公共団体経由での申出書の収受が多いという特性があり，こうした電子データの引継ぎにより，書面での引継ぎの際に要していた移送事務や書類整理等の事務が削減されるのみならず，書面からの入力事務が削減されるなどのメリットがあることから，データ引継ぎの導入を積極的に地方公共団体に提案していった。その際には，この取組みについての成功した実例を横展開することによって，取組みを拡大

していったのであった。

　成功した実例の１つとしては，H事務所とG市での取組みが挙げられる。G市においては，国へのデータ引継ぎを導入したことから，G市で行っていたH事務所への書類の移動事務や書類整理等の事務が必要なくなった。これにより，G市では，職員の超過勤務が削減されたほか，データ引継ぎの導入にかかる初期費用がその導入年分の超過勤務削減コストで回収されたなどのメリットが生じた。また，H事務所においても，書類整理等の事務や入力事務等の処理が削減されたことにより，事務の効率化が図られたのであった。

　こうした成功例を横展開していくことは，重複事務の解消や共同事務の効率化の推進をもたらし，国と地方公共団体双方の事務が効率化し，その他の事務量の削減と他の事務への投入や超過勤務の削減を可能としたのであった。また，こうした取組みは，計数そのものは用いていないものの，「人日管理」の考え方を意識した国と地方公共団体との連携と考えることもできるものであった。

小　話　　　　　　　　F市にて

部 門 長 A：課長さん，申出をしない企業の実態確認について，協力ありがとうございます。

F 市 課 長：いえ，こちらこそ。実態確認については，当市でもいろいろ情報がありますし，職員も地元ですから，出張のついで等を活用して実態確認も割とスムースにできています。それより，事務所の方で行政調査により徴した申出書の特定業務情報に基づいてうちも市税を特定業務処理できますから，助かっていますよ。

部 門 長 A：お互い餅は餅屋の感覚で，効率化できていますね。

F 市 課 長：それに，データ引継ぎを始めたおかげで，職員の超過勤務も削減できているのですよ。

部 門 長 A：これからもWin-Winの協調関係でお願いします。

第Ⅱ部　第5章　地方公共団体等との連携

3 戦略マップの活用による外部との連携

　地方公共団体等の外部団体との連携については，適正な申出と納付という共通した目標の実現を掲げ，それぞれの組織や団体が目標の実現に向けてどのように対応していくかを明示していくことが重要である。そうすることで，それぞれの組織や団体との連携の方向性が明確となり，業務を担う職員のモチベーションの向上にもつながるからである。そして，その目標の実現には，それぞれの組織や団体での業務をどのように結びつけていくかという戦略の具体性と，その戦略の具体性を可視化する戦略マップを活用することによって可能となる。

　地方局Aにおいては，各事務所における組織戦略を「事務所運営全体プラン」という戦略マップに類似する手法により可視化していくこととしていた。そのようななかで，M事務所においては，適正な申出と納付という目標の実現に向けて，地方公共団体等の外部団体との協力等を強く意識しながら，戦略マップを作成していたのであった。

　具体的には，下記のとおりである。M事務所においては，まずプラン１の階層として，「職員の能力向上等」を掲げた。そこでは，職業専門家としての能力の向上と知識の蓄積を図るため，一方では，基礎的知識の習得から能力の向上に結びつけ，もう一方では，価値観の浸透と職員間の教え合いから能力の向上に結びつけていった。そして，その能力の向上等をもって，プラン２の階層として，「事務の効率化等」を掲げ，プラン１から２へと結びつけたのである。そこでは，その他の事務の効率化を特定事務の拡充に結びつけ，特定事務の拡充の一環として企画型等の行政調査や収納を掲げたのであった。そして，その結果をもって，プラン３の階層として，「関係団体の協力等」を掲げた。そのうえで，プラン１から２，２から３まで結びつけた。そして，目標の実現を図るためには，最終的には外部との連携が必要であるという戦略マップを描いたのであった。このM事務所の戦略マップについて

図表Ⅱ-5-2　M事務所の戦略マップ

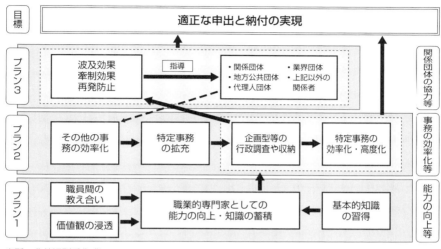

出所：北井好則氏作成。

は，事務所長会議において全事務所に向けて紹介することによって，他の事務所の参考にするとともに，外部団体との一層の連携の強化を図っていくこととしたのであった（**図表Ⅱ-5-2**）。

さらに，そうした戦略マップは，翌年度において，ある都市局のOM事務所においても活用された。OM事務所では，まず「成長と学習という視点」で職業専門家としての能力の向上と実務経験等による知識の蓄積を掲げ，そのためには，組織の価値観の浸透と職員間の教え合いと自己研鑽が必要であると結びつけた。そして，それを「業務プロセスの視点」に結びつけ，そこではその他の事務の効率化と行政調査等の事務量の確保が必要であることを示した。そして，次の段階として「関係者の視点」を掲げて結びつけた。関係者の視点では，事務所と地方公共団体と外部団体が連携・協調して関係者に対応していくことが必要と位置づけたのである。それら3つの視点から，組織の目標である適正な申出と納付が実現できると結びつけた戦略マップを描き，外部団体との合意の形成に活用されたのであった（**図表Ⅱ-5-3**）。

図表Ⅱ-5-3　OM事務所の戦略マップ

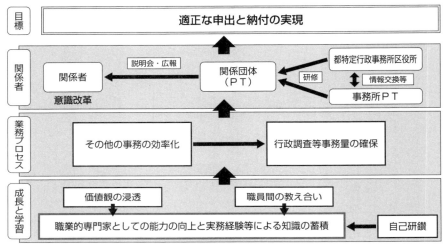

出所：北井好則氏作成。

　このような戦略マップは，地方公共団体や関係団体等の外部団体に対して，連携・協調関係を求めていく際にも非常に役立つものである。戦略マップという形で，お互いの戦略を可視化することによって，目標の実現に向けて連携して取り組んでいくことが促進されるのであった。

第**6**章

今後の課題とまとめ

1 プロジェクトX（エックス）に向けて ──今後，取組みを強化するポイント

　少し古いが，中高年であれば一度は聞いたことのある表題（プロジェクトXとは，「プロジェクトX～挑戦者たち」という表題でNHK総合テレビで2000年３月～2005年12月に放映されたドキュメンタリー番組）を掲げた。ここでは，これまでも取り組まれてきているものの，プロジェクトの成功のためには，今後ともその取組みを強化すべきポイントを挙げていくこととしたい。以下のような点は，注意しなければならないということである。

（1）職員の多能化，事務処理の標準化に向けた仕様書の作成
　その他の事務の一層の効率化に向けては，職員の多能化と事務処理の標準化を推進していく必要がある。そして，新人や転部者等の事務に慣れていない者が標準的な手順でスムーズに事務処理することが可能となるようにしていくことが望まれる。そうすることにより，職員は，申出種類や事務処理内容をまたがって多能的に事務処理を行うことができるようになり，このため繁閑調整が一層図られやすくなり，その結果，事務処理も効率化していくからである。つまり，人に仕事を割り当てるのではなく，仕事に人を割り当てていく体制が強化されるのである。

209

そこで，必要となるのが，新人であろうが転部者等の事務に慣れていない者であろうが，現場目線で誰でもが読めば仕事ができる事務フロー，事務処理作業手順書，FAQ等の事務処理のための標準的な仕様書を作成していくことである。こうした標準的な仕様書によって標準的な事務処理が可能となるのである。

また，標準的な仕様書には，現場で有しているノウハウを落とし込んでいくことが望まれる。また，新たなノウハウを取得した場合には，それを書き込んだり加除訂正したりすることがその都度可能となるように，仕様書をオープン化した仕組みにする方が効率化の推進につながっていくのである。

事務処理の標準化ができ，作業標準ができると，そこでの作業時間もみえ，それが標準事務量となり，その結果，組織全体でムダがなくなっていく。また，そうすることによって，職員が多能化され，繁閑調整等の取組みが容易となるのである。このように，職員の多能化と標準的な事務処理を確立するなかで，事務量積算もより精緻化していき，事務量に基づいてのマネジメントや事務の効率化も一層図ることができるようになっていくのである。

（2）各事務所における事務改善活動と局における掘り起こし活動

事務処理の効率化と処理内容の適正管理は，今後においても不断に変わりなく追求していく必要がある。そのためには，事務改善活動が非常に重要であり，その活動は経常的に行っていかなければならない。

そして，事務改善活動は，実際に事務を行っている現場のなかで，現場の担当者が改善の試行などを行って，その効果を体感していく，まさにボトムアップの活動にしていくことが望まれる。そうすることで，事務処理の効率化や処理内容の適正管理が押しつけられたものでなく，自らのこととして感じられるようになるからである。そして，効率化できた効果が自らのワークライフバランスにもつながっていくことを実体験させることで，職員の理解もさらに深まっていくのである。

こうした事務改善活動を継続して実施していくためには，各事務所におい

てQCサークル的な取組みを強化していくべきである。そして，局において
は，QCストーリー（定型化された問題解決手順）等のようなものを提供し
ていくことを通じて，事務改善活動をサポートないし促進していく必要があ
る。また，局は，各事務所の事務改善活動のなかで有効なものはスピーディ
ーに横展開して活用を図っていくとともに，局における改善提案の掘り起こ
し活動も継続していくべきである。改善活動は新たな事態に対応するための
事務量を捻出することができる金鉱脈であるといった意識をもち，ワクワク
感をもって行っていくべきものである。

（3）局内の人日管理

　局は，事務所の事務を指導・監督する機関である。したがって，局員は，
事務運営について，PDCAサイクルに基づき，常に問題意識と改善意識のな
かで事務に従事しなければならない。そして，組織を取り巻く環境の変化に
応じて，新たな課題が増していくなかで，国の執行機関Xの組織の最大の資
源である事務量に敏感にならなければならない。しかし，残念なことに，あ
る面ではそのような意識が薄れ，事務量は横に置いて自身の目先のハエを追
うような対応が見受けられることもある。

　その要因の1つには，局内の各課，各係が旧態依然とした縦割り仕事を行
っていることが多く，局内に「人日管理」が機能していないことが挙げられ
る。局の職員には，事務日誌がないことから，各課，各係，各事務の事務量
が把握できないのである。確かに，事務日誌については，官房系の一部の部
署においては，自分たちの時間を自律的に決められないといった難しい面も
あるが，それ以外の部署においては工夫次第で実施は可能なはずである。

　事務日誌により，各課，各係，各事務の事務量が把握できれば，局内にお
いても人日管理が可能となり，事務量に基づいた事務運営のPDCAや事務所
への指導・監督においてもマネジメントが強化できるのである。また，慢性
的な超過勤務の解消などのワークライフバランスにも直結するのである。地
方局Aの法人特定業務に関する部においては，現在，部内職員の事務日誌を

第Ⅱ部　第6章　今後の課題とまとめ

試行しており，今後とも局内の「人日管理」の実践に向けての取組みとして発信する予定である。

（4）地方公共団体への展開

　地方公共団体との連携の強化に向けては，「人日管理」の取組みを地方公共団体に説明し，その採用を働きかけている。しかし，現在のところ，その考え方の活用のしかたにとどまっており，「人日管理」の取組みそのものは実現していない。

　しかしながら，今後，マイナンバーが本格的に活用されてくると，国と地方公共団体との連携強化はますます重要性を帯びてくるであろう。また，マイナンバーの本格的な活用により，それぞれが実施することとされる新たな事務のなかにも，これまでにはなかったムダが生じてくることが予想される。

　そこで，国と地方公共団体がそれぞれ実施している事務について，事務量を可視化していく仕組みのなかで，お互いの事務量をすり合わせ，それぞれの得意な分野での事務分担を調整し，お互いが得をするような関係を構築していくべきである。その効果は，国と地方公共団体ともに大きなものとなるはずである。地方局Aにおいては，今後とも，地方公共団体における事務量マネジメントの採用に向けて，チャレンジを継続していくべきである。

（5）部内の可視化と外部からの可視化

　「人日管理」の取組みを継続してさらに推進していくためには，部内の職員からの支持はもとより外部からの支持を得ていくことが重要である。そのためには，その取組みについて，部内の可視化と外部からの可視化について，ある程度は図っていく必要がある。そうすることによって，マネジメントが効果的となり，部内の職員のみならず，外部の関係者からの支持や信頼を得ることにつながっていくのである。

　まず，部内の可視化としては，効率化できた事務量がいかにして捻出されているのか，そして，その効率化できた事務量がどのように転換されて特定

事務への活用が図られているのかといった事務量の転換プロセスを可視化していくこと，そして，特定事務に投下した事務量によって，どのような成果が得られているのかといった事務量当たりのパフォーマンスについて，ファクト（事実）として可視化していくことが必要である。そうした部内の可視化によって，職員の理解がより深まり，職員が同じ方向を向いて努力するようになり，方向づけが向上し，組織としての取組みが強化されていくのである。

　そこで何より重要なことは，幹部自身のスタンスである。幹部は，組織としての方向性を提示し，何が目標でどちらの方向に向かうべきなのかを職員に理解させ，組織の価値観を共有させていくことが求められているのである。そのため，幹部は，内部環境と外部環境の分析と情報収集により，組織を取り巻く状況を判断し，そのうえで目標達成に向けての計画を立て，計画→実行→実績→修正→進歩へとつなげていかなければならない。そして，取組みに当たっては，スピード感をもつこと，定量的な目標数値にもこだわることも必要であろう。組織的な取組みのためには，幹部が幹部らしく，かっこよくということが大切なのである。

　次に，外部からの可視化としては，当局が，どのような事務にどれだけの事務量を投入しているのか，そして，投入した事務量に対してどのようなパフォーマンスを発揮しているかについて，一定のレベルだけでも，考え方だけでもよいのでこれを可視化していく仕組みをつくり，関係団体等や地方公共団体に向けて明らかにしていく必要がある。そうすることによって，「人日管理」の取組みへの理解度が増していき，関係者からの信頼の強化につながるのである。

　組織の目標である適正な申出と納付の実現に向けては，一方では，「善良でない関係者」に対して行政調査等により牽制を強化していくとともに，もう一方では「善良な関係者」を広げていく必要がある。そのためには，組織と関係の深い関係団体，代理人団体，地方公共団体との間で「善良な関係者」の広がりのための連携・協調の輪を構築していくことが重要である。

図表Ⅱ-6-1 適正な申出と納付を推進するための協調関係の構築

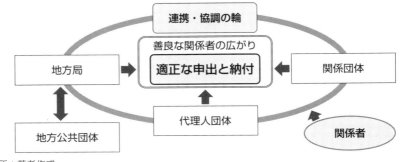

出所：著者作成。

それぞれの機関や団体でどのような対応を図っていくかを可視化して，それをつなげていくことが望ましい。そうした各機関，各団体における「善良な関係者」の広がりに向けた，一種の戦略を結びつけて，それを可視化していくことによって，お互いの連携・協調の輪がより強固なものとなるのである（**図表Ⅱ-6-1**）。

2 プロジェクト×(ペケ)としないために

プロジェクトX（エックス）は中高年の気持ちを高揚させる。しかし，プロジェクトX（エックス）の裏側，紙一重のところに，プロジェクト×（ペケ）となってしまうような罠が必ず待ち構えている。ここでは，罠となり得るような留意点を挙げておくこととしたい。忘れやすいが，忘れてはならない留意点ということである。

（1）組織戦略強化のための弾力的定員措置の本格導入

「人日管理」のような戦略的な取組みが，人減らしのためとみられては，成功するものも成功しなくなる。そして，人減らしととられないように細心の注意を払う必要がある。このような観点から，地方局Aにおける「人日管

理」の取組みにおいては，一時的に「事務所運営全体プラン」のインセンティブ措置として弾力的な定員措置を図った。このようなインセンティブ措置には，今後とも配意し続けることが望ましい。たとえば，現在の事務所別の定員配置については，事務系統別に特定の指数を用いることによって，いわば平均的に配置しているところであるが，今後は，事務所における組織戦略に基づいた事務量マネジメントの強化を図っていくために，弾力的定員措置の本格導入を検討してみてはどうかと考える。具体的には，事務所別定員について，弾力的に投入できるスラック定員を確保しておき，事務所別定員の査定においては，厳しく査定しつつ，その一方で組織戦略に基づいて事務量マネジメントをしっかり行える事務所には，インセンティブとして例外的に優遇定員措置を図るというものである。こうしたことにより，戦略的な取組みの重要性が一層認識されるとともに，事務所の機能の強化にもつながるものと考える。

（2）組織の価値観と組織戦略の強調

「人日管理」には，どうしても合理性を強調した管理の匂いが漂う。このため，職員感情からしても受け入れがたいという反発を招く可能性もある。したがって，地方局Aの「人日管理」で強調したように，自分たちが何を大事に考えているのかといった組織の価値観や，自分たちがどういう仕事をすることにより，何を実現しようとしているのかといった組織戦略が強調されることが望ましい。とりわけ，組織の幹部は，今後，拡充していかなければいけない仕事，やるべき仕事などを指し示す必要があり，その際には，組織の価値観にぴったりはまるような，職員にとって魅力的な言葉を強調していくことが求められるのである。これは，部下職員に委ねることのできない，幹部自身の大事な仕事であると考える。

（3）一般的な方法論の活用

行政組織と比べ，民間企業では一般的に異動が頻繁ではない。このため，

民間企業では，経営者が独自の考え方で，独自の用語を用いて業務改革の方向を指し示すこともよく見受けられる。考え方の浸透を図る時間が十分にあることから，これ自体は問題とならないことも多い。しかし，行政組織の場合，異動が頻繁である。このため，独自の考え方や独自の用語の使用については，浸透のための時間が足りないことから，大きな混乱を招きやすい。方法論を一から編み出すためには膨大な時間がかかるが，比較的異動が頻繁に行われる行政では，組織としての取組みの継続性に難があるのみならず，方法論における思考も，人が替わることから理解が得られにくいのである。したがって，「人日管理」のような業務改革の過程においては，一般的な方法論を活用していくことが，思考の整理のためには有益である。一般的な方法論を活用することで，試行錯誤や乱れを最小化することができるからである。そのうえで，自らの組織にあった方法論を組み立てればよいと考える。

3 まとめ

　著者は，退職に先立つこの数年間，「人日管理」の取組みについて，率先して推進してきた。そこで，最後に，これまでの経験をふまえ，「人日管理」のような一種のプロジェクトを，それなりの規模で導入するに当たっての留意すべき点をまとめておきたい。

（1）揺るぎない理念と価値観

①意義と目的

　プロジェクトを導入する意義や目的をしっかりとのみ込むことが必要である。意義や目的がのみ込めていれば，導入に当たっての少々の壁は乗り越えることができるのである。

②価値観の共有

　どのような仕事をするに当たっても，その拠り所となるのは組織の価値観

である。したがって，プロジェクトの導入に当たっても，組織の価値観を共有していくことは必須であり，組織の価値観によって合意の形成ができていくのである。

③達成までの道筋とスケジュール感

　プロジェクトを達成するには，達成までの道筋を立てながらスケジュール感をもって進めていく必要がある。そうすることによって，そのときそのときの立ち位置が明確となり，道筋やスケジュールの微調整等もしやすくなるのである。

（2）検証と改善を意識したマネジメント

①情報の収集

　プロジェクトを実行していくに当たって，部内や外部の反応等の情報についてアンテナを高くして収集に努める必要がある。そして，その情報に基づいて迅速に対応を図っていくことが重要である。

②データとファクトの重視

　プロジェクトを実行していくためには，気合いでガンバローではなく，データとファクトに基づいて検証と原因分析をしながら改善していくことが重要である。気合いは長続きしないし，パフォーマンスもその場かぎりのものとなってしまう。データとファクトに基づいてコツコツと取り組んでいくことが必要である。

③PDCAの徹底

　データとファクトとも関連するが，プロジェクトの達成に向けては，意識してPDCAを徹底することである。取組状況を検証しながら改善していくことである。

217

（3）リーダーシップを発揮した行動

①自らの主体的な行動

　プロジェクトを進めていくうえでは，リーダーは他人任せにせず自らのこととして主体的に行動していく必要がある。主体的な行動でリーダーシップを発揮することによって，周囲の者へ理解を広げていくことができるのである。

②コスト意識をもった選択と集中

　公的組織にいる人間は得てしてコスト意識に弱い面がある。プロジェクトを進めていくには，コスト意識を強くもって民間と同等の意識で進めていく必要がある。かぎられた資源のなかで，どのようなものを削減してどうようなものに投下していくのかといったコスト意識をもった選択と集中が必要である。

③成功体験の積み重ね

　プロジェクトが気持ち良くスムーズに展開していくためには，成功体験を積み重ねて成功体験を感じながら進めていく必要がある。その成功体験には，組織としての成功体験と職員のワークライフバランスなどの成功体験も必要である。

索　引

A〜Z

ABB ································ 44
ABC ····························· 41, 42
ABCとABMとの関係 ········ 43
ABM ····························· 41, 42
BB ································· 58
B／C分析 ······················ 73
BPR ······························ 86
BSC ······························ 51
BSCの構成要素 ··············· 54
DCF法 ··························· 60
differential cost ················ 61
EBPM ···························· 72
incremental cost ··············· 61
IRR ······························ 60
JIT ································ 37
KPI ······························ 67
LCC ······························ 45
MPC ······························ 56
opportunity cost ··············· 61
PB ································· 60
PDCA ····························· 7
PDCAサイクルに基づくマネジメント ····· 139
PDCAの徹底 ············ 170-172, 175, 191
PV ································ 60
QALY ····························· 75
QCサークル活動 ·············· 33
QCストーリー ················· 34
QC七つ道具 ··················· 34
ROI ······························ 60
sunk cost ······················ 61
TDABC（時間適用 ABC） ····· 44
TOC（制約条件の理論） ······· 39

TPS（トヨタ生産方式）········· 36
TQC（全社的品質管理）········· 33
VE（価値工学）················· 35

あ

アメーバ経営 ·················· 56
アラインメント ················ 70
暗黙知 ························· 47

意思決定会計 ·················· 95
意思決定のための諸手法 ······· 59
一般的な方法論を活用 ········· 216
いわゆる生産性の向上 ········· 111
因果関係仮説 ·················· 69
インセンティブ措置 ·········· 168, 215

か

会計の歴史 ····················· 4
回収期間法（PB）··············· 60
改善の5ステップ ··············· 40
外部からの可視化 ············ 212, 213
価値工学（VE）················· 35
活動基準管理（ABM）········· 41, 42
活動基準原価計算（ABC）····· 41, 42
活動基準予算（ABB）·········· 44
かんばん ······················ 37
管理か，会計か ················· 6
管理会計 ······················· 3
管理会計導入における行政の迷走 ········· 97
管理者を中心とした経営システムに関する
　研究会 ····················· 122

219

機会原価（opportunity cost） 61
行革甲子園2016 93
行政管理会計の3つの登山口 94
行政管理会計の全体像（概念図） 13
行政管理会計の全体像（詳細図） 92
行政実務家と管理会計研究者との交流の
　重要性 100
行政における原価計算 49
行政の外環部（独法・公営企業等） 9
行政の中心部（企画立案部局） 10
業績管理会計 95
業績評価システム 52
業績予算 71
共通言語としての行政管理会計 93
共同事務の効率化 204, 205
業務の階層 41
業務の標準化 30
業務フロー・コスト分析 84

経営戦略の実行プロセス 122
形式知 47
ゲーム論的アプローチ 52
原価企画 35
原価比較法 60
現在価値法（PV） 60

合意形成 70
効果性向上のキーとなる組織戦略 81
効率性向上のキーとなる標準化や
　プロセスの概念 80
工程分析 31

さ

サービス工学 46
財務会計 3
差額原価（differential cost） 61
さまざまな原価等 61

「時間軸，コアメンバー方式」という
　戦略 113
時間軸と組織管理軸 17
時間適用 ABC（TDABC） 44
事業計画 18
自治体間ベンチマーキングによる業務改革
　 89
質調整生存年（QALY） 75
シックスシグマ 46
執行部局 9
自動化 37
事務改善活動 137
事務改善活動 171, 175, 176, 179, 181,
　　　　　　　184, 190, 195, 210, 211
事務改善活動とBPRの関係 87
事務改善提案 147, 156, 157, 160-163, 169,
　　　　　　175, 177, 179, 180, 182, 198
事務区分ごとの事務量 126, 129
事務所運営全体プラン 166, 168, 182,
　　　　　　　　　197, 206, 215
事務処理の標準化 209
事務量に着目した管理会計手法の例 88
事務量把握の重要性 78
事務量分析 171, 172, 190-192, 195, 198
事務量マネジメント 77, 130, 131, 212, 215
事務量マネジメント（効果） 121
事務量マネジメント（伝播ルート） 121
事務量マネジメントの全体的なイメージ 80
事務量マネジメントの導入 83
事務量を転換していくプロセス 182-184
事務量をベースとしたマネジメント 200
ジャストインタイム（JIT） 37
収益 15
証拠に基づく政策形成（EBPM） 72
職員の多能化 209, 210
職員の方向づけ（アラインメント） 70
職員のモチベーション 134-136, 154
　　　　　　　　　　159, 206

推進力としての自治体議員の関心 ············ 101
スループット会計 ································· 40

制約条件の理論（TOC）····················· 39
責任会計 ··· 22
設備投資の経済性計算 ························· 60
戦略計画学派 ···································· 51
戦略と業務の連結 ······························ 54
戦略マップ ······························ 52, 206-208
全社的品質管理（TQC）····················· 33

創発戦略学派 ···································· 52
組織戦略 ················· 154, 163, 164, 166, 167,
　　　　　　　　　 168, 182, 183, 206, 215
組織の価値観 ············ 146, 150, 154, 155, 159,
　　　　　　　　　 160, 175, 213, 215, 217
組織や職員の方向づけ ························· 82
損益分岐点分析 ································· 24

た

脱予算経営（BB）····························· 58
多能工 ·· 37
ダブルループ学習 ······························ 48

知識スパイラル ································· 47
地方局Ａにおけるα年度の取組みの
　全体像 ··· 109
地方局Ａにおける取組みの成果 ·············· 119
中期経営計画 ···································· 18
重複事務の解消 ······················· 200, 203, 205
直接原価計算 ···································· 24

提案制度 ·························· 127, 136, 137
テナント式損益管理 ···························· 57

投資利益率法（ROI）························· 60
特定事務量の割合 ······························ 196

トヨタ生産方式（TPS）····················· 36

な

内環部（執行部局）··························· 9
内部利益率法（IRR）························· 60

人日管理 ·············· 108, 145, 149, 152, 155, 158,
　　　　　 161, 163, 167, 169, 175, 179, 182, 188,
　　　　　 191, 195, 198, 199, 203, 211, 214, 216

は

働き方改革 ······································ 111
バランスト・スコアカード（BSC）·········· 51
万能の手法 ······································ 6

ヒトのマネジメント ···························· 122
費用 ··· 27
費用削減に目を向けさせる工夫 ·············· 28
費用対効果分析（Ｂ／Ｃ分析）············· 73
標準原価計算 ···································· 32
標準的な事務処理 ······························ 210
標準的な手順 ······················· 176, 209
標準的な手順（作業標準）··················· 162
費用対効果評価 ································· 74

部内の可視化 ······························ 212, 213
プログラム評価額 ······························ 66
プロセス分析（工程分析）··················· 31

平準化 ·· 37

方針管理 ··· 21
ポジショニングビュー ························· 52

221

ま

マイナンバー制度 ················· 197, 198
埋没原価（sunk cost）················ 61
増分分析 ···································· 61
増分原価（incremental cost）········· 61
増分利益 ···································· 61

ミニプロフィットセンター（MPC）········· 56

ムダ取り ············· 147, 151, 156, 157, 161, 163,
　　　　　　169, 175, 189, 190, 195, 198
無駄についての考察 ····················· 29

目的・手段関係 ·························· 69
目標管理 ···································· 21
目標達成活動 ······························ 96
モノのマネジメント ······················ 122

や

予算管理 ···································· 19

ら

ライフサイクルコスティング（LCC）········· 45

リアルオプション ·························· 61
リーンマネジメント ······················ 38
利益計画・利益管理のための手法 ············· 23
利益の概念 ······························· 16
リスク評価 ································· 61
リソースベーストビュー ···················· 52

ロジック分析 ···························· 63, 65
ロジックモデル ···························· 64

わ

ワークライフバランス ······· 111, 128, 141, 159,
　　　　　　172, 187, 201, 210, 218

【著者紹介】〔執筆担当〕

竹本　隆亮（たけもと・りゅうすけ）〔第Ⅱ部第2章〜第6章〕
　経営管理コンサルタント
1981年中央大学法学部卒・A地方局採用。事務所長，地方局総務課長，地方局部次長等を経て，地方局部長にて退官。士業開業予定。日本管理会計学会会員。

大西　淳也（おおにし・じゅんや）〔第Ⅰ部・第Ⅱ部第1章〕
　財務省財務総合政策研究所客員研究員 兼 明治大学ガバナンス研究科兼任講師
1986年東京大学法学部卒・大蔵省（現財務省）入省。スカンジナビア国際経営大学院（デンマーク）エグゼクティブMBA修了，博士（商学）専修大学。ハーバード大学客員研究員，信州大学経済学部教授，財務省財務総合政策研究所副所長，総務省大臣官房審議官（自治財政局公営企業担当）等を経る。
主な著書は『公的組織の管理会計』（単著，同文舘，2010年），『公共部門のマネジメント』（共著，同文舘，2016年），『戦略実行のプレミアム』（共訳，東洋経済社，2009年）など。
日本管理会計学会・日本会計研究学会・日本原価計算研究学会各会員。

平成30年8月15日　　　初版発行　　　　　　　　略称：行政管理会計

実践・行政マネジメント

―行政管理会計による公務の生産性向上と働き方改革―

著　者　ⓒ　竹　本　隆　亮
　　　　　　　大　西　淳　也

発行者　　　中　島　治　久

発行所　同文舘出版株式会社

東京都千代田区神田神保町1-41　　　　　　　〒101-0051
電話　営業(03)3294-1801　　　　　　　　編集(03)3294-1803
振替　00100-8-42935　　　　　　　　http://www.dobunkan.co.jp

Printed in Japan 2018　　　　　　　　　製版：一企画
　　　　　　　　　　　　　　　　印刷・製本：萩原印刷

ISBN978-4-495-20811-0

JCOPY〈出版者著作権管理機構 委託出版物〉
本書の無断複製は著作権法上での例外を除き禁じられています。複製される場合は，そのつど事前に，出版者著作権管理機構（電話 03-3513-6969，FAX 03-3513-6979，e-mail: info@jcopy.or.jp）の許諾を得てください。